Robert Patrick Martin

Neandertal-Rules

Nicht schwarz oder weiß, gesund oder ungesund, sondern ZEN, und die Kunst, sich gut zu ernähren und vernünftig zu leben

Robert Patrick Martin

Neandertal-Rules

Nicht schwarz oder weiß, gesund oder ungesund, sondern ZEN, und die Kunst, sich gut zu ernähren und vernünftig zu leben

Rediroma-Verlag

Bibliografische Information der Deutschen Nationalbibliothek:
Die Deutsche Nationalbibliothek verzeichnet diese Publikation in der Deutschen Nationalbibliografie; detaillierte bibliografische Daten sind im Internet über http://portal.dnb.de abrufbar.

ISBN 978-3-98527-281-5

www.rediroma-verlag.de
9,95 Euro (D)

GESUNDE ERNÄHRUNG + PHILOSOPHIE - ARSCH HOCH

»Alles an diesem Buch ist vegan, es richtet sich aber nicht nur an solche »Irren«, im Gegenteil, die Informationen betreffen uns alle. ***Vielen Dank****, dass Sie bereit sind sich auf das Abenteuer einer gesünderen Ernährung und besseren Lebensweise einzulassen. Teilen Sie dieses Buch, vergeben Sie eine Rezension, empfehlen Sie es weiter und sparen Sie nicht mit konstruktiver Kritik und guten Vorschlägen.«*

»Carpe momentum«

Inhalt

ÜBER DAS BUCH

Gesunde Ernährung ist sehr einfach und erfordert nicht viel Aufwand. ihr Alltag läuft genauso wie bisher, schon während Sie diese Zeilen lesen, können Sie den Schalter auf *on* switchen. Ich erkläre ihnen aus über 40 Jahren Beschäftigung mit meiner Ernährung und gesunder Lebensweise auf was es ankommt, wo die Fallen liegen. Das wichtigste ist die nötige Motivation zu finden, hier geben ihnen die Zeilen wichtig Impulse. Am Ende werden Sie schätzungsweise ein neues Bewusstsein ausgebildet haben, sie werden achtsamer sein und ihr Leben noch mehr genießen können, wenn Sie dieses Wagnis eingehen.

Oder wollen Sie zu denen gehören, die jung an den immer stärker um sich greifenden Volkskrankheiten leiden oder lieber alt mit vielen Wehwehchen sein? Sicher es gehört auch Glück dazu Methusalem nachzueifern. Viele die bei einem Unfall oder einem Flugzeugabsturz sterben waren kerngesund und hätten möglicherweise ein biblisches Alter erreicht. Trotzdem wollen Sie wie Hans (ist eine Figur aus meinen anderen Büchern) einzig auf das Glück setzen? Lacht! Ich nicht und wenn auschecken, dann so fit wie möglich, ich bin bereit meinen Beitrag zu leisten, den Rest bestimmt das Universum und will das Wunder meines Körpers, meines Ichs wie einen Tempel behandeln und dazu gehört für mich eine gesunde und vernünftige Lebenshaltung. Gelingen kann das mit ZEN und dem achtsamen Weg, das andere folgt dann automatisch nach.

Wenn Ihnen das Buch gefallen hat freue ich mich über eine Rezension oder einen Beitrag, gerne dürfen Sie mir ihre Kritik oder Anregungen oder Wünsche per Mail mitteilen (gehen sie dazu einfach auf unsere homepage).

Robert P. Martin
www.robert-patrick-martin.de
Für Anfragen: lissabon68@gmail.com

__Vielen Dank__ an alle Bauern die Bioqualität und gesunde Lebensmittel produzieren und dabei soweit es geht auf Pestizide und den anderen sinnlosen Kram verzichten. Dieser __Dank__ gebührt auch jenen die in ihrem Rahmen so agieren. __Vielen Dank__ an jeden einzelnen der durch ein Insektenhotel, Nächstenliebe, vegane Ernährung oder andere heldenhafte Taten zur Erhaltung und Verbesserung unserer geilen Erde beiträgt. __Vielen Dank__ an jeden der nicht dafür verantwortlich ist, dass Tiere unnötig leiden und in Massenbetrieben gehalten und industriell abgeschlachtet werden. __Mein Beileid__ an alle die für die vielen schlechten Lebensmittel und das Leid von Mensch und Tier in diesen Produktionsketten mitverantwortlich sind, weil Sie nicht anders können oder wollen. __Viele Gebete__ an die, die aus welchen Gründen auch immer Bomben und Hass auf andere werfen - Hört bitte auf damit!

Liebe für alle und alles und Frieden!

__Mein Respekt__ auch allen die Müll, Abfall und Wohlstandsdreck aufheben, sammeln, den Wald, die Wiesen, die Felder von Plastik befreien. __Dank__ an die, die sich um andere Kümmern, die ein Ehrenamt begleiten ob bei den Tafeln, in der Altenbetreuung, Im Fußballverein oder sonst einer Institution oder Verein. __Meine Hochachtung__ an alle die ich hier vergessen habe und die einen Beitrag *für unsere Zukunft als große friedliche Menschheitsfamilie leisten. Auch möchte ich mich bei den vielen fleißigen Helfern* ***bedanken****, die jeden Tag gutes Tun ohne dass es groß rauskommt und die im Verborgenen bleiben.* ***Mein besonderer Dank*** *gilt den Polizeibehörden, den Krankenhäusern, Medizinern, Therapeuten, Sanatorien, alle die für Ordnung sorgen etc., ohne die ein Leben im Rahmen unseres Gesellschaftsvertrages nicht möglich wäre. Und natürlich gebührt auch dem Leben selbst meine* ***Hochachtung*** *für die vielen* ***Wunder*** *und die reichliche Lebenszeit, welche ich schon genießen durfte. Bleiben Sie Achtsam, das ist schon die halbe Miete für ein gelungenes Leben. Unerwähnt bleiben all die anderen »****Idioten!****«*

VORWORT

Sehr geehrte Leserin und Leser, schön dass Sie Interesse an gesunder Ernährung und einem achtsameren Umgang haben. Zunächst möchte ich ihnen die Struktur dieses außergewöhnlichen Buches erklären. Sie halten ein Werk in Händen, dass die schönsten Dinge des Lebens miteinander verknüpft. Sie wussten es schon: das Wunder des Lebens, Essen, Genuss und die Liebe zur Weisheit. Ich lade Sie ein, an meinen reichhaltigen Erfahrungen, die mir das Leben, aufgrund meines ersten außergewöhnlichen Berufes und der Beschäftigung mit gesunder Ernährung und einem vernünftigen Lebenswandel mitgegeben hat beizuwohnen und bestenfalls davon zu partizipieren. Nichts ist unmöglich und so können wir zusammen alles erreichen.

Ich bin kein Arzt, Ernährungsberater, Ernährungsfanatiker oder Fitnesscouch und brauche es auch nicht sein. Ich verlasse mich in der Regel sehr gerne auf mein funktionierendes Gehirn und die Fähigkeit selbst nachzudenken. In meinem Leben habe ich so manchen Misserfolg eingefahren – schätzungsweise mehr als Erfolge. Aber ganz nach M. Proust bin ich der Überzeugung, dass das Scheitern, der Schmerz und die schlechten Jahre mich viel weitergebracht haben, wie Zeiten in denen die See ganz still dalag. Heute freue ich mich über jedes Problem und jede Niederlage, denn es macht mich reifer und weiser, weil ich mich nicht unterkriegen lasse (das war die Theorie, lacht!). Das Leben ist grell krass, aber auch grell geil. Doch gibt es auch vieles was ich gelernt habe und für gut und richtig befinde. Doch leider deckt sich das mit dem Mainstream häufig nicht, im Gegenteil da wo die Masse ist, ist es oft nicht toll und deshalb studierte ich viele Jahrzehnte praktisches Leben und seine Auswirkungen. Es ist schwer heutzutage nicht in eine Abhängigkeit zu geraten. Vielleicht ist es auch unmöglich? Nach meinem Dafürhalten ist es sogar äußerst herausfordernd nicht **krank** zu werden oder verrückt. Denn nicht nur die Autos bekommen immer mehr PS, auch das Leben, der Alltag, die Arbeit und unsere Freizeit werden immer schneller. Manche behaupten sogar wir rasen in einem Schnellzug auf den Abgrund zu.

Deshalb habe ich diese Zeilen verfasst um meinen beiden Töchtern (ich habe euch sehr lieb und verzeiht mir meine Fehler) etwas besonders Wertvolles zu geben, dass ihr Leben und ihren Erfolg (nicht im materialistischen Leistungssinne) nachhaltig beeinflussen wird und meiner Meinung nach den Werten Wahrheit und Liebe, das wichtigste also in unserem Dasein, (Achtsamkeit ist für mich eine innere Haltung) am nächsten kommt. Ein Surrogat meiner Erkenntnisse über eine gesunde-vernünftige Lebensführung. Leider brauchte ich viele Jahrzehnte, um hinter dieses Geheimnis zu kommen, obwohl es eigentlich ganz einfach ist. Meiner Meinung nach gilt im Leben immer das Prinzip less is more – ich selbst lebe gerne unter meinen Möglichkeiten. Beim Sport oder bei einem Projekt, darf jeder gerne mal an und über seine Grenzen gehen, aber generell sollte das kein Dauerzustand werden.

Das schwierigste an allem was ich bisher versuchte, war jedoch der Wille oder wie manche sagen der »innere Schweinehund, das innere Kind oder der kleine Tyrann in uns.« Noch lapidarer ist damit unser Ego gemeint, das uns hindert uns weiter zu entwickeln und das immer bei Veränderungen zu brüllen anfängt. Arsch hoch vom Bürostuhl und ran an die Buletten oder besser den veganen Speck ist das entscheidende. Oftmals ging es mit meinem Gewicht hoch und runter, innerhalb kürzester Zeit. Kaum hatte ich mir die Pfunde, und es konnten schon mal 10 bis 20 Kilo sein, runter gehungert, da waren sie nach ein paar Monaten wieder da. *Schöner Mist war das!* Heute wissen wir doch so viel über Lebensmittel und wie es geht.

Außerdem produzieren wir das beste Superfood ever. Also an was hängt es dann? Viele haben nur keinen Bock. Und wenn Sie tatsächlich keinen blassen Schimmer haben, wie es geht, dann sagt Ihnen das nach ein paar Klicks bei Ecosia das worldwideweb. Das Wissen ist greifbar nah, nur oft gibt es viel zu viel davon, deshalb habe ich versucht etwas Struktur reinzubringen und ein Surrogat verfasst. Es braucht nicht viel um anzufangen und das wenige finden Sie hier. Nach diesen Zeilen haben Sie zumindest das Rüstzeug um alleine weiterzumachen. Denken Sie immer daran, das Leben ist kein Sprint, sondern ein Dauerlauf und da gilt es mit den Kräften zu haushalten. Meine vielen Erfahrungen bezeichne ich mal salopp als eine große unüberschaubare, zuweilen auch leicht unverdauliche Masse. Diese Masse wurde aufgekocht und eingedampft, getrocknet, zurück blieb das wertvollste, die Inhaltsstoffe für einen guten Umgang mit unserem Körper und dem Dasein. Wie eine süße Feige, die in der Sonne getrocknet ist. Guten Appetit!

Ein gutes Leben ist Hedonismus gepaart mit Verzicht und Achtsamkeit. Sehr ans Herzen legen kann ich Ihnen die Stoiker und den alles überragenden Seneca und sein Buch V*om glücklichen Leben – De vita beata*. Also die meisten ahnen doch wie es geht. Fangen Sie heute an, mein Buch hilft Ihnen dabei zu bleiben und die nötigen Skills zu erwerben damit es positiv weitergeht. Eine gute, vernünftige, achtsame und gesunde Führung ihres ein Personen Unternehmens schützt mit Sicherheit nicht vor allem Unbill, aber es stärkt ihre Abwehrkräfte, hält ihre einzigartige Figur in einem ausgeglichenen Verhältnis (Schönheitswahn ade) und vor allen Dingen haben Sie für ihre Gesundheit das nötigste getan, der Rest liegt dann in Gottes Hand und das ist doch schön zu wissen. Ich finde es beruhigt mich zumindest ungemein.

Ein Hinweis noch, in eigener Sache. Dies ist meine Art zu leben, Sie sollten das nicht 1:1 nachmachen, finden Sie ihren eigenen Takt, wenn Sie krank sind oder sonstige Probleme haben, klären Sie das mit einer kompetenten Person. Holen Sie sich bei Probleme Rat, zur Not gibt es telefonische Beratungsstellen. Ganz wichtig bevor Sie ihre Ernährung oder sogar ihr Leben umstellen lassen Sie sich fachmännisch beraten, begleiten und untersuchen. So nun aber genug *geschwätzt* lassen Sie uns gemeinsam anfangen. Denken Sie an die Worte von Hesse – *Jedem Anfang wohnt ein Zauber inne.*

Jeder der sich Hilfe sucht, hat meinen größten Respekt, denn nach meinem Dafürhalten ist es unmöglich allein durchs Leben zu gehen. Es ist essentiell sich Rat, Tipps, ein Ohr das zuhört oder Unterstützung zu holen. Hier sind ein paar Nummern, die helfen könnten.

Nummer gegen Kummer:
Tel.: 0800 - 111 0 550

Telefonseelsorge:
Tel.: 0800 / 111 0 111

oder online:
online.telefonseelsorge.de

Bei meiner Recherche waren die Nummern aktuell und die Leistungen kostenlos, ob ihr Provider bzw. Telefondienstanbieter Gebühren oder Kosten erhebt ist mir nicht bekannt, dass sollten Sie ggf. selbst erfragen.

Barth im April 2021
Robert P. Martin

1. WAS GEHT AB BEI DIR?

Haben Sie auch die *Schnauze* voll, von den ganzen Ernährungshypes, schlechten Kochshows, oder den Fitnesskursen und dem ganzen Superfood? Obwohl ich mich schon so lange mit Ernährung und einer gesunden Lebensführung beschäftigte, drehte sich mir da schon so manches Mal der Kopf. Was wir nicht alles für unsere Gesundheit tun sollten. Halten wir kurz inne. Denken Sie mal an den Dalai Lama und ob dessen Erscheinung den gängigen Schönheitsidealen entspricht – aber der Mann wirkt ausgeglichen und lebensfroh, oder?

Bleiben wir beim aktuellen Gesundheitswahn und was wir alles tun sollten. Ich frage Sie nur wann? Die meisten von uns sind eingebunden und stecken bis zum Hals im Hamsterrad, das Konsum-Monster hat uns im Griff, wie in dem Film *Modern Times*. Zum Verschnaufen, ist fast nie Zeit. Manche kriegen schon keine richtige Luft mehr und mit der Volksgesundheit im Allgemeinen geht es stetig bergab, obwohl die Vielfalt immer mehr zu nimmt. Früher saßen in meiner Grundschulklasse zwei Kameraden mit Brille, heute hängen da nur noch zwei ohne Nasenrad ab. Genauso ist es mit Zucker. Das hatten nur die alten Omas, wohl vom Torte essen? Das war ein Scherz, aber mal echt?

Diabetes kannte ich wirklich nur von den Alten und das war wohl Altersdiabetes. Auch solche Sachen wie Allergien waren mir nur wenig bekannt. Irgendwo sollte es Menschen mit Heuschnupfen geben. Eine Mutter von einem Mitschüler die hatte das. Also im Ernst auch die Koronaren Erkrankungen (ausgelöst durch falsche Ernährung?) nehmen zu. Herzleiden sind ein Massenphänomen, genau wie Rückenschmerzen (Bewegungsmangel), Kurzsichtigkeit (Bildschirmstress), Hörprobleme (Kopfhörer Generation), Krebs (Rauchen und Schadstoffbelastungen, Feinstaub), Schlaganfall, Depression (psychische Erkrankungen) etc. nehmen zu, der Wohlstand und die Lebensmittelvielfalt auch, Alzheimer und Demenz (viele Ärzte schieben das auf die Lebensmittel und eine Unterversorgung mit wichtigen Nährstoffen), Diabetes (übermäßiger Zuckerkonsum bzw. Schlechte Kohlenhydrate) und COPD (Lungenerkrankung meistens zu Anfangs unentdeckt) ebenso. Wollen wir uns hier einreihen?

Prof. Spitz hält hierzu interessante Vorträge. Und das beste so scheint mir, die Betroffenen und das sind auch die noch Gesunden fügen sich wie die Lämmer in ihr Schicksal. Ich finde das muss nicht sein und deshalb möchte ich etwas Aufklären, ein bewusster Umgang mit dem Leben und seiner Nahrung ist nicht schwer, dazu brauchen Sie und ich keine Wissenschaftler sein. Die Lösungen die ich hier anbiete können Sie liebe Leserin und lieber Leser in den Bereichen Ernährung und Lebensführung hoffentlich weiterbringen, außerdem möchte ich unseren Horizont erweitern und das unmögliche Aufzeigen, indem wir versuchen uns selbst zu erkennen (getreu der Innschrift im Apollon-Tempel – *erkenne dich selbst*), soweit dies gelingen kann. Das erst erlaubt eine Reifung unserer Persönlichkeit (Charakter und Temperament und Verhalten und Emotionen). In dieser alten griechischen Weisheit steckt bei genauerer Betrachtung ein komplettes Universum mit einer Dimension wie die Milchstraße. Könnten wir uns wirklich erkennen, dann wüssten wir genau wann das innere Kind brüllt und wann der vernünftige Typ – Ying und Yang, das Gute oder das Böse. Mir selbst ist das trotz jahrzehntelanger Beschäftigung damit, bis heute noch nicht klar.

Also um das noch klarzustellen. Es geht hier nicht um Jugendwahn, Grenzenlosigkeit, Lifestyle Inflationismus, das unendliche Leben wie es gerade in Amerika Trend ist, Selbstoptimierung, Reichtum oder einen irren Schönheitswahn. Hier geht es um ein gutes Gefühl beim Konsumieren, welcher Konsum wahrscheinlich gesund ist und wie wir wieder ins Gleichgewicht kommen. Ein großer Schlüssel ist nun mal das was wir *fressen*, also oben reinstecken, das gilt im übertragenen Sinne auch für das Gehirn. Du bist was du isst! Wie du lebst ist wie du bist?

Diese Zeilen werden, als eBook, fast gratis sein, da ich der Überzeugung bin, dass dieses Wissen jedem zustehen sollte. Die Natur, die Menschheitsfamilie, das Leben und das Universum verehre ich und sie sind für mich das *Höchste*. Helfen Sie bitte mit die Leute aufzuhellen (zu erleuchten) und tragen Sie diese Infos in die Welt, gerne dürfen Sie das Buch teilen, ordentlich zitieren und weiterverbreiten.

»Ein gutes Leben, meint nicht ein glückliches, aber es ist besser wie ein blindes und tumbes.« Vielen Dank!

Bei mir wird nichts *geschummelt*, die Dinge erscheinen so wie sie sind, damit meine ich dass ich diese Zeilen hier ohne große Hilfe erstelle. Ich mache alles selbst, über das Layout bis zum Lektorat, ansonsten könnte ich dieses Projekt wohl nicht durchziehen. Ich schreibe gerne und habe bereits einige Bücher veröffentlicht und noch mehr geschrieben die noch warten. Mit diesen mir sehr am Herzen liegenden Zeilen habe ich im Februar 2021 begonnen.

Während des Lockdown Winters an der Ostsee-Küste war es sehr ruhig. Hier auf Fischland hatten wir mind. 20cm Schnee und oft waren wir in unserer Wohnung vom Wetter festgehalten. So entstand spontan die Idee, Euch da draußen etwas an die Hand zu geben (Sie merken wir wechseln jetzt zum Du, ich denke das ist nachdem wir uns besser kennen auch angezeigt, aber wir bleiben auch beim Sie). Wer sich top ernährt und einen gesunden Lebenswandel pflegt, hat schätzungsweise auch ein gutes und besseres Immunsystem und somit Abwehrkräfte. Ein kleiner Ratgeber, der in sich schon alles aufzeigt und erklärt und auf dem ihr aufbauen könnt. Für die von uns die in ihrem Alltag nur wenig Zeit oder Muse haben und sich tiefer in das Problem der Ernährung einarbeiten wollen. Wir haben so viele Möglichkeiten wie noch nie und trotzdem geht es mit unseren Ernährungsgewohnheiten und der Volksgesundheit immer weiter bergab. Deutschland ist eine einzige Kochsendung geworden und das Angebot an angeblicher Superfood Nahrung explodiert. Viele werden immer älter, auch dank der Medizin. Wieso geht es uns da nicht besser? Sogar die psychischen Erkrankungen nehmen beständig zu. Genau wissen tue ich nichts, wie Sokrates muss ich erkennen, dass ich nichts weiß und in allem ein Laie geblieben bin. Evidenzbasierte Studien gibt es tausende, aber ich denke wir kommen auch so drauf, einfach mit unserem gesunden Menschenverstand, einem Rückblick in die Steinzeit und dass wir selbst denken. Im Buch werden wir noch darauf zurückkommen.

Wie gesagt das Projekt zog ich alleine durch und es geht mir nicht um größtmögliche Professionalität, ein Hochglanz Buch, fehlerfrei und makellos. Mittlerweile werden auf YouTube die Videos der neuen, der heimlichen Stars und Protagonisten immer professioneller. Ich finde das Schade, denn mir hat gerade das daran gefallen – dass die Leute dort zeigten wie das wahre Leben ist, nämlich voller Fehler, Missgeschicke und Rückschläge, denn das echte Leben hat nicht wirklich viele gute Stellen abzugeben. In der Regel ist das beste Feld schon abgegrast, der schönste Apfel gepflückt, deshalb ist es schlau und weise nicht zu viel Glück und Erfolg vom Universum zu fordern, denn das macht auf Dauer garantiert unglücklich.

Für mich ist das Dasein noch am ehesten so wie das der *Existentialismus* propagiert. Wir werden in die Welt geworfen ohne dass uns jemand um Erlaubnis fragt und genau im Moment unserer Geburt, eigentlich schon früher, nämlich im Embryonalstadium geht die schwarze Flagge hoch und der Sensenmann freut sich auch schon wieder – die Parkuhr läuft. Keiner lebt ewig, wobei ich diesen neuen Trend in den USA schon krass finde und mir vorstellen kann, dass das klappen könnte dank Big Data. Krionik (Aktuell sind etwa 1000 Menschen und Tiere eingefroren, um bei Möglichkeit wieder zum Leben erweckt zu werden.) war gestern und heute gibt es den digitalen Klon. Ihre Daten werden ausgelesen und gespeichert und Sie sollen so wie bei *Tron* (Film USA 1982) weiterleben können, selbstverständlich nur als Maschine, erstmal. Wenn das ihr Ziel ist, brauchen sie nicht weiterlesen.

Auch wenn Sie liebe Leserin oder lieber Leser total happy mit allem sind, dann finden Sie schätzungsweise bessere Literatur (hier empfehle ich mein aktuelles Buch *Herzverlierer* mit Texten die sie nicht wirklich brauchen – melancholisch, sehr direkt, den Finger in die Wunde legend und bohrend) aber probieren Sie es doch zuerst mal aus.

Sollten Sie aber weit weniger mit sich und ihrem Status Quo zufrieden sein wie ich damals, dann versuche ich Sie zu erleuchten, nicht in einem göttlichen Sinne, aber das kriegen Sie dann möglicherweise auch noch hin. Früher zu Beginn meiner Reise, war in meinem Kopf Matsch und das Dasein fühlte sich unbehaglich an, so fing ich an mich abzulenken, aus der Kirche auszutreten, zu shoppen, zu konsumieren und der ganzen, in Teilen fiesen, Lifestyle Industrie zu folgen.

Dann an einem bestimmten Tag in meinem Leben geschah etwas *Besonderes*. Ich nenne es heute *göttliche* Fügung. Klingt etwas abgehoben, okay, war halt so. Lacht! Es würde den Rahmen sprengen und ich will Sie auch nicht langweilen, sollte Sie das Thema interessieren finden Sie dazu in meinen anderen Texten mehr. Bleiben wir am Ball, an diesem Tag veränderte sich mein Leben. Der Prozess dauerte Jahre, denn es ist nicht leicht einen alten Kan auf ein neues Ziel zu bringen, aber es gelang. Nur ein paar Grad Abweichung und Sie landen wo ganz anders (Siehe Columbus). Ich habe es geschafft und Sie können es auch. Es ist ganz leicht, wenn man den Prozess und das System das dahinter steckt durchschaut oder erkannt hat. Es kostet kein Geld (paar Cent) und nur etwas Zeit.

Sie fangen an einfach umzuschalten, wir könnten auch sagen abzuschalten. Ein Schlüssel auf dem Weg ist das Leben als endlich und sich selbst als begrenzt zu erkennen – **Lebenszeit ist ihr kostbarstes Gut**. Jemand hat in ihre Parkuhr ein paar Münzen reingetan, auch wieder, ohne zu fragen. Sie wissen noch nicht mal, ob der die Höchstparkdauer genommen hat, ein Tagesticket oder nur ein paar Stunden. Einstein erkannte schon Zeit ist relativ und ich füge hinzu leben ist Fiktion. Die Realität bleibt uns verborgen. Wir können aber trotz dieser *Urangst,* die in uns steckt, weil wir nichts wissen, die wichtigen Fragen kann uns weder die Wissenschaft und auch kein Quantencomputer beantworten, zufrieden leben. Wir können für die kurze Spanne die uns bleibt, locker bleiben, das Leben genießen, unseren Körper achten und gut behandeln und nach Weisheit streben. Wir dürfen es auch bleiben lassen! Ich weiß dieser andere Pfad ist schwer, sollten Sie wie ich auf dem Gipfel landen, dann wird es dort einsam sein, die Masse ist im Tal, in der Klamm und was Sie dann sehen, davon haben die da unten keine Ahnung. Sie können nun weit in die Ferne Blicken, sehen den Horizont und fragen sich verwundert was die da im Tal nur so alles anstellen und warum? Erinnert Sie das an das Höhlengleichnis von Platon?

Jeder hat das Recht sein Leben so zu verbringen wie er es für richtig hält. Nur unsere Normen und Werte begrenzen es bei dem Einen oder Anderen. Das ist der Preis für unsere friedliche demokratische Gemeinschaft. Also mehr oder weniger. Genauso hat jeder das Recht sein Leben wegzuschmeißen, zumindest in meinen Augen. Was spricht dagegen wie Hemingway oder Steinbeck (John Steinbeck (1902-1968), amerik. Schriftsteller) zu trinken oder Drogen zu nehmen wie Court Cobain, W.S. Burroughs oder eine Risikosportart zu praktizieren wie Vincent Reffet oder in einem Wein-Fass zu schlafen wie Diogenes. Alles Okay!

Das Universum segnet das alles ab, ich verspreche es ihnen. Mein Ding ist es aber nicht, auch nicht dieser ständige Trubel, das Feiern, Anhäufen von sinnlosen, seelenlosen Dingen. Ich betäube mich da lieber mit Wissen und dem Streben nach Weisheit oder einer Wanderung, auch wenn dieser Weg zuweilen schmerzt und man am Gipfel einsam steht, irgendwer findet sich schon der einem Gesellschaft leistet.

2. OBST MIT WENIG KALORIEN

Sehr geehrte Leserin, sehr geehrter Leser, wenn Sie gerne Obst essen und nichts spricht dagegen, dann haben Sie sich möglicherweise schon oft gefragt, gibt es Sorten in denen weniger Energie, also Kalorien stecken wie in anderen. Hauptsächlich finden wir in Obst die Zuckerart, Fructose. Eine Banane hat um die hundert Kalorien, wobei diese krummen Dinger auch auf süße gezüchtet wurden. So erging es aber vielem Obst. Es wird auf Aussehen und Süße getrimmt. Ein Ratschlag von mir an dieser Stelle, versuchen Sie immer auf alte Sorten oder noch besser auf Ur-Sorten zurückzugreifen. Hier kommt jetzt aber erstmal eine kurze Liste mit Obst, dass weniger Kalorien hat:

1. Papaya - 32 Kalorien
2. Generell fast alle Beeren
3. Erdbeeren - 32 Kalorien
4. Wassermelone - 38 Kalorien
5. Orangen - 47 Kalorien
6. Mein Liebling der Apfel - 54 Kalorien
7. Birne - 55 Kalorien (mein heimlicher Star)
8. Ananas - 59 Kalorien
9. Mango - 60 Kalorien
10. Kirschen - 63 Kalorien
11. Granatapfel - 78 Kalorien

12. Auch viele Wildfrüchte sind empfehlenswert (aber bitte waschen!)

Die Angaben beziehen sich auf hundert Gramm. Obst enthält Fruchtzucker, sogenannte Fructose, dem viele keine guten Eigenschaften nachsagen. Im Kapitel über Zucker gibt es noch mehr Infos. Fruchtzucker ist generell nichts anderes wie Zucker. Insgesamt essen wir Deutschen über 30kg Zucker jedes Jahr. Das sind so 25 Teelöffel pro Tag. Eine irre Menge und viele denken schon, das geht bei mir nicht ab, das sind die anderen, aber schon eine Brause enthält pro Liter 35 Stücke Würfelzucker.

Früher wo ich noch Handwerker war, da trank ich Cola Literweise, manchmal auch Wasser, denn ich hatte das Gefühl, dass süße Getränke den Durst nicht stillten.

Zucker ist unterschiedlich und nicht alle süßen Dinge sind gleichzusetzen. Ein zweiter und genauerer Blick lohnt. Obst als Ganzes zu futtern, bringt noch zusätzlich Faserstoffe und der Magen ist besser beschäftigt. Saft ist oft ein ausgepresstes, haltbargemachtes, gefiltertes mit allerhand Zusatzstoffen und Hilfsstoffen versetztes Gebräu. Selbst mal einen O-Saft machen wäre eine Alternative oder einen Smoothie mit etwas Weizen- oder Gerstengras. Die Fructose wird leider mittlerweile auch vielen Lebensmitteln zugesetzt. Angeblich soll übermäßiger Konsum eine Fettleber machen.

Die normalen Mengen, die über den Konsum von Obst und Früchten aufgenommen werden, stellen in der Regel für den Darm (Darmflora bzw. Darmbinom wiegt so 1,5kg) kein Problem dar. Bei größeren Mengen soll es Schwierigkeiten geben. Außerdem würde unser System auf Fructose nicht gut reagieren und es kommt zu einem permanenten Hunger Gefühl. Fruktoseintoleranz nimmt angeblich zu. Es gibt mittlerweile zahlreiche Studien über Fructose und die ungesunden Auswirkungen (Diabetes, Fettleber, Bluthochdruck usw.), ob das der Weisheit letzter Schuss ist bleibt abzuwarten. Aber warum sollten Sie so ein Risiko eingehen? Ich esse mein Obst und am liebsten dann kalorienarmes, es gibt so viel davon.

Der menschliche Körper braucht Energie, sprich Kalorien und benutzt Energie am liebsten in Form von einfach Zucker um zu funktionieren. Dagegen ist auch nichts einzuwenden.

Fructose schmeckt sehr süß (süßer wie normaler Zucker), sie wird in den USA schon seit Jahren großflächig eingesetzt. Gerade dort gibt es sehr viele übergewichtige Menschen. Hier will ich aber auf Dr. Paracelsus hinweisen der meinte: »Die Dosis macht das Gift«, oder so ähnlich. Geringe

Mengen egal von welchem Zucker, sollten unbedenklich sein, dafür brauchen Sie aber ein paar Infos. Sozusagen einen Leuchtturm (im Kopf) in der Lebensmittelbrandung, damit Sie nicht an den Klippen (Verlockungen, dann Übergewicht usw.) zerschellen, ins Wasser (Krankheiten) fallen und in der Folge ertrinken (zu viele Wehwehchen). Da könnten Sie nur hoffen, dass das Baywatch Team Sie rettet oder hoffentlich diese Zeilen, bevor ihr Boot Schlagseite bekommt.

Unser normaler weiser Haushaltszucker trägt den Namen Saccharose und ist eine Mischung aus Glucose und Fructose. Glucose ist der Treibstoff mit dem unser Magen sehr gut zu recht kommt. Das Gehirn haut sich die Glukose direkt rein (Soll Ähnlichkeiten mit Kokain-Konsum geben, dazu später mehr.). Bei der Fructose geht das so nicht. Glucose ist ein Einfachzucker (Monosaccharid) und deshalb sofort für uns einsatzbereit. Fructose ist mit Glucose fast baugleich, bis auf so ein Enzym. Anscheinend hat die Leber, die für die Umwandlung von Fructose in Glucose zuständig ist, damit bei großen Mengen ein Problem. Mehrfachzucker (enthalten in z.B. Vollkornkram und Kartoffeln) müssten erst umgewandelt werden, das dauert seine Zeit, deshalb steigt bei der Aufnahme von einfachem Zucker auch der Blutzuckerspiegel recht schnell an. Übrigens ist in vielen natürlichen Produkten sowohl Glucose wie auch Fructose enthalten. Glucose in Reinform, findet sich etwa in Traubenzucker.

Fructose, die irgendwie in Ungnade gefallen ist und deren Konsum ungeahnte Ausmaße angenommen hat kommt mit so schrillen Namen wie Oligo-Fruktose, Maisstärke und Weizensirup. Ich denke, wir sollten uns nicht verrückt machen lassen, selber überlegen und einfach nicht zu viel von irgendeinem Zucker essen und wie schon erwähnt, es gibt gute angeblich gesündere Alternativen wie etwa Ahornsirup, die Yacon Wurzel, Kokosblütenzucker oder für manche die Birkenzuckerarten. Auf welchem Zucker oder Treibstoff Sie auch in Zukunft aufbauen wollen, das wichtigste ist nicht zu viel und überlegt essen. Produkte denen Zuckerstoffe zugesetzt sind, auch Süßstoffe (stehen auch in der Kritik) kaufe ich nicht. Warum ein Risiko eingehen, wenn es Optionen gibt. Da esse ich lieber einen Bio-Apfel mit Geschmack (Lieblingssorte Rubinette u. Topaz u. alte Sorten) oder Gemüse wie Kartoffeln, das enthält auch viele Kohlenhydrate und daraus kann der Körper Energie gewinnen. Generell sind so ziemlich alle Beeren erste Wahl, denn der Kalorienanteil ist gering und die Inhaltsstoffe hoch. Vorsicht noch vor Trockenfrüchten hier steigt der Zuckergehalt ultra stark an. Am besten so frisch und so unverarbeitet wie möglich und ab damit in den Mund.

3. APFEL HAFER MÜSLI + SAMEN POWER

Dieses tolle Müsli, esse ich am liebsten zum Frühstück, noch vor Porridge oder jedem anderen Kram. Die Rezepte im Buch sind generell so aufgebaut, dass ich immer ein Grundrezept angebe und dann nochmal Ergänzungen bzw. Abwandlungen dazu. Überhaupt verzichte ich auf Mengenangaben oder genauere Anweisungen, denn ich finde nichts schlimmer wie die Frankfurter Einbauküche, Plastik Rollläden, vergitterte Fenster, weggeworfene Einwegmasken, detaillierte Kochanleitungen und Kopieren.

Das Wort Wagnis hören Sie bei mir immer wieder, denn ich bin der festen Überzeugung, dass uns das Abenteuer in unserem Leben abhanden gekommen ist, aber das ist das Salz in der Suppe. Also bringen wir das Wagnis zurück wo es nur geht.

Liebe Leserin und lieber Leser, das finde ich »unerotisch« und wir wollen doch alle Sexy sein. Selbst experimentieren, Fehler machen und irgendwann, herausfinden wie es am besten klappt oder schmeckt ist doch toll. Am Anfang nahm ich bei diesem geilen warmen Apfelscheiben Ding immer zu viel Müsli und Saaten. Ich hatte Angst ich könnte sonst nicht satt werden. Mittlerweile weiß ich, dass es mir am besten schmeckt, wenn der Bio-Apfel nur leicht von Müsli, Nüssen und Saaten ummantelt ist, dafür aber in einem Meer von Hafermilch schwimmt. Die Flüssigkeit am Schluss zu trinken ist wunderbar lecker, weil Sie die ganzen Aromen vom Bratapfel, den Nüssen, Gewürzen und Saaten aufgenommen hat. Natürlich könnt ihr auch noch weiter an dem Gericht rumbasteln. Vielleicht würde noch etwas grünes gut passen, wie etwa Pfefferminzblätter? Ich finde der wärmende Apfel und die gebackenen Nüsse in Verbindung mit Porridge (Hafermilch und Hafermüsli) sind ein wahres Geschmackswunder. »Könnte mich da rein setzten Leute!«

Für das Müsli schneidet ihr einfach einen Apfel in dünne Scheiben oder Schnitze, bratet ihn in Öl so lange an wie ihr wollt. Dann gebt ihr die Nüsse und das Müsli dazu, röstet die etwas mit an und gebt noch weitere Zutaten dazu wie z.B. Leinsamen, Kokosblütenzucker und am Ende eventuell etwas Leinöl und mit Zimt abschmecken. Packt alles in eure Lieblingsschüssel und genießt und abschalten. Handy weg und vielleicht aus dem Fenster ins Grüne schauen.

4. FÜR BEWEGUNG GEBAUT

Sie liebe Leserin und lieber Leser sind für das Laufen konstruiert worden, aber das wussten Sie schon? Wenn Sie das nicht glauben, dann schauen Sie doch mal ihren und den Bauplan aller anderen Individuen an. Der einzige Vorteil der uns schon im Neandertal so besonders machte war außer unserem Verstand, die Fähigkeit lange Strecken, denken Sie an einen Marathon im Laufen und noch längere im Gehen (oder die unglaubliche Iron-Man Distanz) zurückzulegen und das permanent. Seit ich aus dem Schulsport raus bin habe ich angefangen zu joggen. Warum ist mir nur noch schleierhaft in Erinnerung. Ich arbeitete damals so mit 17 auf dem Bau. Wir rissen im Hochsommer in Mannheim, eine Straße auf, es sollten neue Wasserleitungen verlegt werden. Der Asphalt glühte, alles war staubig und laut und trotzdem fühlte ich mich, nach kurzer Eingewöhnungszeit, nach Feierabend unausgelastet. Es war mein erster Job, bei dem ich harter körperlicher Arbeit ausgesetzt war. Am Anfang kam ich nicht so gut mit, es ging mir schlecht, die Sonnenstrahlen und der Presslufthammer schafften mich. Ich war so ausgepowert, dass ich sogar *kotzen* musste.

Meine Stimmung war damals auf dem Tiefpunkt, mir ging's dreckig, alle Gelenke schmerzten wie bei einem *Gichtanfall* und ich dachte ich müsste hinschmeißen. Ich biss mich durch. Dann wurde es nach ein paar weiteren Tagen besser, schätzungsweise hatte meine Maschine gelernt, und plötzlich kam ich nach Hause und spürte so einen Energieüberschuss. Mir ging es nach dem harten Bauarbeitertag noch immer top und mein Körper schrie nach mehr. Sucht – Arbeit, Sport macht abhängig?

Damals wie heute brenne ich für *Jobs* und es kann gar nicht hart genug sein. Ich überlegte und da ich bis zu diesem Zeitpunkt in keinem Sportverein war und auch so außer dem Schulsport nichts anderes kannte, zog ich meine alten Turnschuhe an und ging in den Käfertaler Wald (Stadtwald von Mannheim) und lief gerade drauf los ohne Plan. Wobei ich anmerken darf, dass joggen eine meiner schlechtesten Disziplinen war. Von der Statur her bin ich eher ein Sprinter. Doch ich wollte etwas machen, das länger dauert und vom Laufen hatte ich schon gehört, dass es für das Aerobe- System gut sein sollte. Obwohl ich keine Marathon Figur besaß ging es ganz gut. Am Anfang kann man aber viel falsch machen und tut gut daran wie beim Essen, sich davor zu informieren. Außerdem sollten Sie immer im Hinterkopf haben, dass es nur diese eine Hülle für Sie gibt. Nur einen Knorpel pro Kniegelenk. Lacht! Behandeln

Sie sie deshalb bestens, wie einen Tempel (das hatten wir schon mal). Manchmal ist weniger Sport auch mehr. Das sehe ich an allen meinen Kumpels die früher in ihrer Jugend im Verein Fußball spielten. Bei den meisten sind die Knie lädiert und heute laufe ich denen davon, obwohl meine Kondition immer noch nicht wirklich gut ist, aber meine Maschine läuft halt noch reibungslos.

Irgendwann war ich, dann sogar Leistungssportler und rannte einige Halbmarathons. Heute mit Anfang 50 könnte ich mir das überhaupt nicht mehr vorstellen, allein mein Trainingspensum abzureisen, außerdem bin ich überzeugt, dass es zu viel war. Bedenken Sie, Sie haben nur einen Knorpel ja Dopplungen gibt es immer mal wieder), wenn der weg ist, war´s das, zumindest nach heutigem Stand, dann wird's kompliziert. Warum hier ein Risiko eingehen? Weniger ist mehr, auch hier oder wie diese Bewegung aus den USA *less ist more* oder umgekehrt. Lacht! Meine ganz persönliche Empfehlung lautet, treiben Sie Fitness, machen Sie Bewegung und am besten Gelenk und überhaupt *tempelschonend.* Wenn sie ihre tägliche Portion Bewegung, dann noch im freien mit Waldbaden verbinden haben Sie eine wirklich gute Sache für ihre Maschine und ihren Geist gemacht. Was passiert eigentlich beim Gehen?

Wenn wir uns bewegen soll das sogar vor Alzheimer, Diabetes, Krebs (dem ganzen modernen Mist) und weiteren Krankheiten schützen behaupten einige Mediziner. Vielleicht kommen wir der Sache mit den Volkskrankheiten näher. Schätzungsweise bewegen wir uns zu wenig? Könnte das ein Baustein sein?

Die Neandertaler bewegten sich wohl viel, hatten ja auch keine Straßenbahnen, E-Scooter oder Autos und in diesem Sinne glaube ich, dass das noch in uns steckt, unser Körper möchte sich bewegen, denn er ist eine hoch effektive Laufmaschine. Geben Sie ihm was er braucht und jetzt kommt die Anzahl der Schritte auf die sich viele Experten festgelegt haben, 10 000 am Tag. Ich besitze keinen Schrittzähler, habe aber viele Jahre kein Auto gehabt und machte alle Einkäufe, jede Fahrt zur Arbeit und viele der täglichen *Fiskalfahrten* zu Fuß oder mit dem Drahtesel. Früher wo ich noch im schönen Heidelberg arbeitete fuhr ich mit meinem tollen Rad, immer auf Arbeit. Das waren so mind. 50 km every day. Das schlauchte und raubte mir Energie, mein Akku ging leer und deshalb schaffte ich mir ein E-Bike an und siehe da, meine moves verdoppelten und verdreifachten sich. In einem Jahr E-Bike standen auf meinem Tacho 15 000 km, wobei ich noch ein normales MTB besitze. Es geht, Sie müssen das ja nicht so krass machen, aber mehr Bewegung im Alltag integrieren das ist sehr sehr sinnvoll und gesund, gerade Männer macht gehen schlank.

Viele meiner Bekannten tragen so wearabels und wissen immer genau Bescheid wie viele Schritte sie heute schon gepackt haben oder wie gut Sie die letzte Nacht schliefen. Das letztere weiß ich auch ohne so ein Gimmick. Wenn Sie draußen sind tanken sie Vitamin D (durch das Sonnenlicht von der Haut produziert), der Stoffwechsel wird angeregt, es soll Rückenleiden lindern oder vorbeugen, sie erhalten die positiv wirkenden Terpene der Bäume (sollen wahre Vitalbomben sein), die Gelenke werden geschmiert, die Muskeln trainiert, die Verdauung *toppt*, das Gedächtnis wird getrimmt, ihr Lungenvolumen erhört sich, der Puls geht runter, es macht den Kopf frei, senkt den Stresslevel, sie schlafen besser, usw. Unser Organismus sendet Endorphine (eines der 6 Glückshormone unseres Körpers) und weitere wahre Wunderstoffe aus (die Wissenschaft entdeckt immer neue wie die Myokine – sind gute Botenstoffe). Sie selbst liebe Leserin und lieber Leser, entdecken die Wunder der Natur beim Gehen, Fett wird verbrannt (nach so 30 Minuten soll die Fettverbrennung auf ihrem Höhepunkt sein) und das Immunsystem wird gestärkt (siehe hierzu auch Bundesgesundheitsblatt, Ausgabe 1/2012).

Grob, ich nähere gerne um es einfach zu haben, können wir festhalten, dass nur bei normalen Gehen so 200 bis 300 Kalorien jede Stunde drauf gehen (es gibt im Netz viele unterschiedliche Leistungsrechner, ist auch Gewichtsabhängig, finden Sie ihren eigenen Wert). Denken Sie jetzt nochmal an die proklamierte Schrittanzahl, dafür benötigen Sie so zwei Stunden, das wären dann bis zu 600 Kalorien zusätzlich each day, ist das nicht great? Für das Intervallfasten, wie ich es betreibe, ist es eine der besten Dinge, die Sie machen können, die Autophagie (wird noch näher erläutert) und Fettverbrennung sollen hier gut in Fahrt kommen. *Schon Hippokrates meinte Gehen sei die Beste Medizin und ich ergänze nicht nur für Sie, sondern auch für die Umwelt.*

5. TOFU PFANNE MIT GEMÜSE

Dieses Gericht ist ein weiterer Baustein in meiner ständigen Ernährung, sehr geehrter Leser. Die ganzen Fleischersatzprodukte esse ich so gut wie nie. An Weihnachten gab es das letzte mal veganes Cordon bleu, mit Rotkraut und Kartoffelstampf. Das Ding war lecker, aber die Zutatenliste lässt mich erschauern, trotzdem muss es mal sein. Ausrutscher im Leben, sind das Salz in der Suppe und wir sind alle keine Roboter. Cordon bleu passiert, auch mal ein Pseudo Hamburger in einem Burger Laden mit Fritten und veganer Mayo. Tofu esse ich schätzungsweise ein bis zweimal die Woche, er ist ein Wunderwerk an guten Nährstoffen, andere Produkte wie Seitan fast nie, aber es ist nichts dagegen einzuwenden.

Mir ist nur Recht, wenn dat Ding nicht aus Weizen fermentiert wurde. Doch dazu später mehr. Bei meiner *Kocherei* verwende ich zu 90 Prozent Bio Lebensmittel, denn ich will keine Pestizide, Herbizide oder andere Pflanzengifte oder sonst was mitessen. Nirgendwo wird leider so viel *betrogen* wie bei Bio-Olivenöl glaube ich, verständlich bzw. nachvollziehbar, denn das Zeug ist richtig teuer und so manches gammelige klassenlose Öl wird so zum Luxusprodukt und der Profit ist so ultrahoch. Wie ständig im Leben ist es am besten

Sie wissen wo das Produkt herkommt was Sie zum Kochen benutzen. Manchmal muss man sich aber auch auf andere verlassen. Ich baue meine Bio-Lebensmittel am liebsten selbst an, die nächste Alternative ist für mich der Bioladen um die Ecke und wenn´s nicht anders geht halt auch mal der Discounter. Wie immer gilt cool bleiben. Total viel findet sich auch draußen in der Natur, Bio und kostenlos.

Ich nehme dazu immer zum Bsp. Pilze, Zwiebeln, Tofu geräuchert (aber Natur geht auch, dann schön einlegen), Ingwer, Kurkuma, Knoblauch und Reis. Je nach Gusto gebe ich noch Nüsse, Sprossen, geile scharfe Gewürze, fermentierte Chilis, Hefeflocke und so weiter mit rein. Einfach alles was ich mag. Den Tofu drücke ich etwas aus und brate ihn zunächst separat an (vorher marinieren ist auch mega lecker). Ich *brutzle* alles immer so wie ich möchte und je nach Ungeduld. Lacht! Den Reis gare ich in einem Bambuskörbchen. Etwas Brühe und oder Sojasauce und das war´s schon. Natürlich passen auch noch allerhand asiatische Gewürze (Thai Basilikum, Koriander usw.) dazu. Dann für Ruhe Sorgen und genießen, am besten mit Stäbchen. Das schult die Motorik.

6. ZUSATZSTOFFE + BIO

Kennen Sie einen der erfolgreichsten Zusatzstoffe in unserer Nahrung? Es ist Titandioxid, dass in vielen Lebensmitteln dafür sorgt, dass alles schön strahlt. Der Schinken schön rot anstatt grau daherkommt. Dieser Zusatzstoff der Industrie steckt so ziemlich in vielem drin, auch in Wandfarbe, in so manchen bunten Schokolinsen (ein Hersteller hat ihn gerade mehr oder weniger freiwillig rausgenommen und durch Reisstärke oder so ersetzt).

Bei Zusatzstoffen oder auch Zusatzhilfsstoffen stellt sich immer die Frage, wem nützt das und gibt es Nebenwirkungen? Nützen tut es meistens der Industrie bzw. dem Produktionsablauf oder später dem Verkauf, sonst kämen sie nicht rein und der Nutzen ist meistens die Erhöhung der Profite. Bei der Saftherstellung wird zur besseren Abfüllung, ein Stoff zugesetzt, der das Schäumen verhindert, beim Bier wird zur Haltbarmachung Polyvinylpolypyrrolidon (PVPP) zugefügt. War da nicht was mit Reinheitsgebot? Als Mann sollten Sie überhaupt wegen dem Hopfen, der soll wie das weibliche Hormon Östrogen wirken und das Wachstum der Brust fördern (sog. Bierbauch und *Biertitten*), überlegen wie viel Hopfenkaltschale Sie trinken.

E171 ist die Bezeichnung für das *Titanzeugs,* in Sonnenmilch nennt sich das dann CI 77891, Frankreich hat den Zusatzstoff bereits verboten. Die Wogen schlagen hier hoch. Die einen, also die Lebensmittelindustrie bescheinigt die Unbedenklichkeit die anderen, also Verbraucherschutzorganisationen warnen. Eindeutige Studien, dass der Kram schädlich ist gibt es wohl noch nicht. Aber warum sollten Sie liebe Leserin und lieber Leser Produkte konsumieren denen Stoffe zugesetzt sind, über die niemand so richtig Bescheid weiß und die für den Endkunden keinen Nutzen bringen. Warum ein Risiko eingehen? Im Neandertal kannten die Menschen keine dieser Zusatzstoffe und ich glaube auch nicht, dass Sie mehr Risiko wie nötig einigen?

Meine Devise ist hier Finger weg, vor allen *kritischen* Zusatzstoffen (soweit wir das wissen können) und da es hier aktuell mehr als 300 gibt, ich kein Experte oder Wissenschaftler bin versuche ich darum einen Bogen zu machen. Wählen Sie einfach die Natur und die hat in der Regel kein Etikett. Übrigens gibt es noch die Zusatzhilfsstoffe, die im Endprodukt nicht mehr zu finden sein sollen und deshalb nicht auf der Zutatenliste stehen müssen. Von diesen gibt es nochmal so einige viele. Kennen sie Transglutaminase, ein Stoff der aus vielen kleinen Fleischstücken wieder ein ganzes macht. Das Zeug wird auch Superkleber genannt. Die korrektere Bezeichnung für dieses Zeug aus der Trickkiste lautet wohl verharmlosend Verarbeitungshilfsstoff. Ich selbst bin der veganen Hafermilch jahrelang auf den Leim gegangen. Sie schmeckte so lecker und so süß und ich dachte ganz *treu doof* das ist halt der gute deutsche Hafer. Leider stieß ich eher zufällig bei der Recherche über Vitamin D auf dieses Thema und durfte mir die Dummheit bescheinigen lassen. Wir als Verbraucher sind einfach zu naiv und seit diesem Malheur und so mancher Skandale (Gammelfleisch etc.) glaube ich an nichts mehr. Nehme die Dinge aber mit einer Prise Humor – Lacht!

Zumindest was Lebensmittel betrifft. Nun aber die Aufklärung, die Süße in der Hafermilch kommt durch Fermentation, eines Teils der Stärke im Verarbeitungsprozess. Fermentation ist nichts Schlechtes im Gegenteil. Hier schafft sie zusätzliche Kohlenhydrate also Kalorien. Was ich schade finde, ist das aus allem ein Geheimnis gemacht wird bzw. dass es auf den Produktinfos (Zutatenlisten) nicht ersichtlich ist.

So trank ich eigentlich anstatt in meiner Fiktion gesunder Getreidemilch, in der Realität eine Limo. Ich gebe zu das ist etwas polemisch. Mittlerweile mache ich mir die Hafermilch selbst doch dazu später mehr. Mein Tipp, wenn Ihnen diese

Schilderungen aus dem Zauberkeller noch nicht reichen und Sie glauben, dass es ein Produkt mit 20 Zutaten und unbekannten Zusatzhilfsstoffen (wir kennen Sie ja nicht) doch ganz okay sein könnte, dann ziehen Sie sich die Doku auf Arte mit dem Titel *Hexenküche* rein. Ich fand es widerlich und am allerliebsten würde ich alle meine Lebensmittel selbst produzieren, aber das geht natürlich nicht, denn wir haben alle Jobs mehr oder weniger und wollen ja auch noch chillen.

Mein Fazit hier ist, dass ich generell versuche auf hochverarbeitete Produkte zu verzichten, das braucht doch Niemand. Dann achte ich auf die Zusatzstoffe und informiere mich ständig weiter, wobei das nicht unbedingt notwendig ist, wenn Sie die besagten Regeln einhalten. Warum sollte ein Maiskorn in meinem Müsli durch mehrere *dutzend* Arbeitsschritte, die auch viel Energie kosten, am Ende aussehen wie die Sahara, eine getrocknete Pfütze oder Akne. Das kann zwar lecker schmecken macht aber keinen Sinn.

Mir reicht ein Haferkorn in Bio Vollkorn Qualität, das einmal gequetscht wurde vollkommen aus. Mein Lieblings-Müsli kennen Sie ja schon. Wenn Sie meinen Rat befolgen, werden Sie in Zukunft mit ihren Einkäufen ruckzuck fertig sein, denn alle Lebensmittel mit Zusatzstoffen bleiben im Regal. Mein Handel sieht in etwa so aus, Gemüse, bissel Obst, Nüsse (alle Sorten), Kräuter, Hülsenfrüchte, Salat (liebe ihn) ab und zu, ich putze ihn nicht so gerne (bin froh wenn das meine Freundin macht), etwas Obst, gutes Wasser in Glasflaschen, top ultra geile Kräuter, ab und an veganen Sulfid freien Rotwein, schmeckt etwas rau, ist dafür aber ohne Schwefel, Beeren und Gewürze in rauen Mengen und Schokolade mit hundert Prozent Kakao, getrocknete Feigen und andere Früchte (aber zurückhaltend konsumieren, denn hier steigt der Zuckergehalt extrem) und zu guter Letzt die besten Öle und Fette der Welt. ihr müsst zugeben das klingt nicht nach einem Hexenwerk oder Zauberei und es ist total leicht zu merken. Am besten alles noch mit Bio Label, auch wenn´s teurer ist, dieses Geld ist gut investiert denn wenn eine Tafel Vollmilchschokolade nicht mal einen Euro kostet ist der Verlust (das Minus im Geldbeutel) gering, bei einer Tüte Macadamia für 6 Euro hält man sich dann automatisch zurück und genießt das viel eher. Also mein Ratschlag einfach weniger Futtern, kein Schrott einkaufen und den Focus vom Essen als Hype oder geilem ununterbrochenem Mega Event wegbekommen, hin zu wenigen dafür besonderen Mahlzeiten. Gönnen Sie sich Luxus-Nahrung, anstatt dem Gefühl eines Luxus-Lebens, vieles landet eh nur im Schrank. Wie die Minimalisten erklären: *weniger ist mehr* (ja manches wiederholt sich).

Mit hochwertigen Zutaten nach Feierabend zu kochen ist für mich fast das Tages-Highlight, darauf freue ich mich jedes Mal aufs Neue. Es gibt so viele tolle vegane gesunde Rezepte. Wobei ich anführen möchte, dass ich keinen TV habe und darum auch kein Fernsehen glotze, meine *Kochschau* ist live, ebenso nutze ich keinen Streamingdienst. In meinem Tagesablauf ist dafür keine Zeit. Das aller aller langweiligste und schrecklichste wäre für mich jeden Abend mit meiner Partnerin auf der Couch zu sitzen und auf die Mattscheibe zu starren oder an den Handys zu *datteln.* Manche fahren auch Bahn, Zug oder Lokomotive am PC. Lacht!

Es gibt doch so viel zu berichten und reden und zu planen. Ich habe Ihnen liebe Leserin und lieber Leser nun einige Anregungen gegeben. Ich weiß, dass ich viel verlange und die Latte hoch liegt, aber das kommt einem am Anfang immer so vor, bis man irgendwann merkt, ist doch gar nicht so schwer. Wir sind doch alle ohne Kippen, Alkohol, Drogen, Schokolade und Fettstange (*Bratwurscht*) in der Hand auf die Welt gekommen. Zum Glücklich sein oder Zufrieden sein braucht es nichts, wie ihren Kopf und das Mantra, ja ab heute sehe ich die Welt wie sie mir gefällt (ja klingt nach

Pippi Langstrumpf) und fühle mich wohl und probiere mal was Neues aus. Das Alte, bedingt das Alte, wer was ändern will muss den Arsch von der Couch wuchten und was Neues treiben oder wie Hans auf das Glück warten (das kann aber dauern).

Sie müssen ja nicht aus dem Stand so radikal sein. Bei mir war es ein Prozess und die Verwandlung dauerte Jahrzehnte. Fangen sie an, es ist ihr Leben und sie tragen dafür die Verantwortung. Ich wünsche Ihnen gutes Gelingen. Nicht dass Sie denken im Bio-Bereich gäbe es keine Zusatzstoffe (dazu später noch mehr). Im Biobereich gibt es aktuell so etwa 30 durch die EU zugelassene Zusatzstoffe (Links zu den Stoffen und Tabelle im Anhang). Im Internet findet sich unter Zusatzstoffe online eine Datenbank mit Suchfunktion. Ein sehr interessantes Tool. Hier geben sie ihren E Stoff und die Nummer ein und erhalten Informationen dazu.

7. CURRIES + CO FÜR DEN ALLTAG - EASY

Wir arbeiten viel heute und die digitale Welt hat uns fest im Griff, liebe Leserin und lieber Leser, gerade deshalb sollten wir uns gut ernähren, um leistungsfähig zu bleiben. Meistens ist die Zeit knapp und darum braucht es einfache, geile, gesunde und schmackhafte Gerichte. Bei mir sind das die Topf und Pfannengerichte. Am häufigsten nutze ich meinen Eisen Wok. Gemüse schnippeln nach Gusto, dann alles rein, kurz und schonend anbraten, dann mit Gemüsebrühe oder Kokosmilch ablöschen und kürzer oder länger einkochen lassen, das war´s, ggf. noch Reis dazu, wenn keine Kartoffeln oder Kichererbsen im Currie sind und das gibt es mind. jeden zweiten oder dritten Tag. Klingt vielleicht nicht so spannend, hat aber Vorteile und die Abwechslung kommt durch das Gemüse.

An den anderen Tagen gibt es Hülsenfrüchte wie Bohneneintopf, Linseneintopf (gibt´s so viele tolle Sorten, einfach mal rumprobieren.) und natürlich nicht immer gleich, sondern mal türkisch *mercimek corbasi* oder indisch oder ur-deutsch oder mexikanisch. Seit neuestem machen wir ab und zu so eine gesunde vegane Rohkost Bowl. Mein Liebling ist hier die Taco Schüssel mit Guacamole und veganem Käse aus Kokosmilch. So klassische Essen (drei Gänge) gibt es eigentlich bei uns nicht, davon halten wir nichts, dann lieber Tapas. Fast alle unserer Speisen werden nach dem Prinzip der ayuverdischen Küche gekocht. Damit meinen wir, dass es leicht bekömmlich, mit viel Liebe zubereitet, qualitativ hochwertige Zutaten, exklusive Gewürze und Kräuter und richtig geil scharf ist. Lecker mmhhh! Kochen ist so leicht, wenn man sich von althergebrachtem frei macht. Neandertal Rules, es kommt in den Topf was gefällt und auch für das Essen gilt, es sollte nicht zu lange dauern, die nächste *Eis-Zeit* kommt bestimmt (damit meine ich das unerwartete).

Die meisten Curries haben bei uns entweder einen indischen oder einen asiatischen Einschlag. Für mich das wichtigste nach den Zutaten sind die Gewürze, hier das Currie. Wir verwenden eine indische Currymischung und Currypasten, wobei wir lange ausprobierten, bis wir das richtige gefunden hatten. Aber dieser Aufwand ist einmalig. Bei Eintopfgerichten lässt es sich wunderbar zusammen kochen und da alles stressfrei ist auch plaudern und wenn was über bleibt, darf das am nächsten Tag mit auf Arbeit oder wird einfach für das nächste Curry verwendet. Übrigens gilt für alle Gerichte hier, dass ich auch nicht die zwei Elementarsten Zutaten ever erwähne und das wären logo, Sie wussten es das weise Gold, gemeint ist Salz und das schwarze der Pfeffer. Beim Pfeffer verwende ich echten schwarzen Szechuan, rosa Beeren, einen grünen und einen weißen, alles in Bio-Qualität. Hier bei mir in der Nähe (Fischland-Ostsee) gibt es einen top Laden für Gewürze und ich habe so eine Qualität was Pfeffer betrifft noch nicht erlebt. Man könnte ihn pur essen. Bei frischem geht das übrigens gut. An alle meine Gerichte mache ich bestes Pflanzenöl, meistens ein Leinöl mit viel Omega 3 Fettsäuren, ganz zum Schluss über die fertig angerichteten Schalen. Die Kinder mögen das nicht so und nehmen sich einfach einen Teelöffel Öl so. Ein gutes Pflanzenöl kann schon mal 20 Euro kosten oder mehr. Ich benutze Leinöl, das mit EPA und DHA angereichert wurde und ein Algenöl, beide liegen preislich so bei 15 Euro für 250 ml. Damit kommen wir aber mehrere Monate aus. Also ein geringer Preis für unseren Tempel. Zum Braten wählten wir ein hitzestabiles pflanzliches Öl. Für uns wichtig, wir wechseln ab. Nicht immer das gleiche. Bleiben Sie experimentierfreudig nicht nur bei den Gerichten und geben Sie rein was ihnen schmeckt. Eine Orientierung an Farben ist manchmal ganz hilfreich. Also Kartoffeln, gelbe Rüben, Bananen, Zitronengras, gelbe Zwiebeln, Ingwer usw. Sie werden staunen wie abwechslungsreich Curries sein können und wie gut die im Magen liegen. Nichts bietet so viel Abwechslung und lässt so viele Kombinationen zu wie Eintöpfe und Curries. Also ausprobieren, bitte!

Ich bastle das immer aus: Reis aber das erkläre ich nicht. Lacht! Generell wird es bei mir meistens sehr scharf. Manchmal zum Leidwesen von Teilen der Family. Schneiden und zerkleinern Sie das Gemüse und die Zutaten so wie Sie wollen. Ich brate dann immer zuerst die Zwiebeln an und das Curry bzw. die Gewürze. Gebe alles in einen billigen Eisen Wok und brate es scharf an. Dann kommen je nach Garzeit die anderen Zutaten hinzu. Gerade so wie es mir gefällt. Am Ende etwas Kokosmilch (muss aber nicht immer sein – Gemüsebrühe geht auch). Hier in diesem Currie waren es Datteln, Nüsse, Sesam, Kartoffeln, Lauch, Blumenkohl, eine Banane, Kichererbsen und Kräuter (Knoblauch, Ingwer, Kurkuma, Marsala Curry) und ab in die Schüssel und versucht mit den Stäbchen zu futtern. Guten Appetit!

8. MEINE ERNÄNHRUNG – VEGAN

Warum ich mich vegan ernähre? Das erkläre ich gleich, doch zunächst möchte ich erwähnen, liebe Leserin und lieber Leser, dass ich schon als Kind Steak oder Bratwurst gemieden habe, wie der Teufel das geweihte Wasser. Das war reine Geschmackssache.

Anderes aß ich für mein Leben gerne. Wie viele Kids, war ich ein Schnitzelkind, Paprika oder das alte in sprachlichen Verruf geratene, *XY-Schnitzel* waren meine Favoriten, das Jägerschnitzel mit Champignons eher nicht, wegen der Pilze. Irgendwann so mit 14 interessierte ich mich aus sportlichen Gründen für Ernährung. Ein Kochbuch mit vielen Vollwertgerichten, aus der elterlichen Bibliothek hatte es mir angetan. Darin behaupteten die Autoren, es gäbe Vollkornreis und Vollkornnudeln. Anfangs wusste ich nicht was die meinten. Lacht! Wohlgemerkt ist das schon über 40 Jahre her, da war Öko gleich Strickpulli mit *Mottenfraß* und *Körnerfressen.* Biomärkte oder Nachhaltigkeit noch größtenteils unbekannt und Vegetarier trugen schreckliche Klamotten und liefen rum wie *Penner* mit verfilzten Haaren und sich vernünftig mit denen Unterhalten war auch nicht drin. Noch kein einziger Veganer war damals geboren. Lacht! *– Ich schwöre es.*

Auf alle Fälle beschäftigte ich mich von da an mit Ernährung und versuchte darüber meine sportliche Leistungsfähigkeit zu verbessern, was mir nur sehr leidlich gelang. Ich liebte und liebe Sport (blieb hier aber ewig ein Laie), und Bewegung, bin aber auch hier zeitlebens nur *Statist* geblieben. Es hat mit höheren Weihen nicht geklappt. Mein Körper ist wohl nur für den normalen Breitensport gemacht und das reicht ja vollkommen (erkenne dich selbst fällt mir hier ein und dankbar sein für das was geht – also mit Achtsamkeit tun was möglich ist).

Es ist schlau und zeugt von großer Weisheit, sich selbst *zu kennen* und sich dann in den eigenen Stärken und Talenten fortzubewegen. Leider bin ich bei mir noch auf der Suche. Schätzungsweise bin ich vollendet *Perfektionsfrei.* Ich treffe doch tatsächlich immer wieder Mitmenschen, die mir erzählen und erklären was sie alles nicht können und was doch wieder schief gegangen ist. Warum um Himmels Willen, überlege ich dann, wenden manche Energie für Dinge auf, die sie nicht können werden. Es gibt Gründe, aber nur sehr wenige und ist sowas vernünftig? Wenn ein *Einbeiniger* unbedingt den Weltrekord auf 100 Meter brechen will und ein anderer Einbeiniger, der lecker kocht erklärt er würde gerne ein großartiges veganes Restaurant eröffnen, dann finde ich persönlich den zweiten Wunsch weiser. Natürlich haben beide ihre Berechtigung. Mein Opa war übrigens Einbeinig (ein Kutschenunfall in der Kindheit) und das hat ihm im zweiten Weltkrieg das Leben gerettet, denn er musste nicht wie alle seine Brüder an die West-Front. Von 5 Brüdern kehrte keiner zurück und mein Opa wurde Kleidermacher mit einem Bein und er war ein richtig guter tapferer Schneider.

Also, auch ich wurde als Omnivore (bez. Menschen die alles essen - Fleisch, Obst, Gemüse, Süßes, Wurstwaren, Milchprodukte, Superfood, Tütenessen, Pulver, grünen Wackelpudding etc.) geboren und verbrachte so die nächsten ersten 20 Jahren, dann allerdings durch Medienberichte aufgeschreckt, wie schrecklich das liebe Vieh über die deutschen Autobahnen gekarrt wurde änderte sich das. Ich verweigerte totes geschundenes Fleisch zu essen. Zunächst waren das ethische Gründe, denn die Tiere taten mir leid. Viele Jahre später, entschied ich dann nochmal zum Fleischkonsum zurückzugehen und aß nur beste *Leichenteile* aus u.a. Frankreich. Mittlerweile hatte ich einen Beruf, die ersten Schulden waren abbezahlt und es zog ein bisschen Wohlstand ein. Ich schaffte es sogar rotes Fleisch (nicht ganz durchgebraten) zu essen. Um den Prozess der Tötung, der Massentierhaltung, der industriellen Schlachtung von Vieh, den Hormongaben und Stoffen, die die Tiere erhalten, ihre Haltung, das Kraftfutter, die Stresshormone, die beim Töten ausgeschüttet werden und Krankheiten wie die Schweinepest, Rinderwahn oder was in den *Kadawerverwertungsanlagen* abgeht blendete ich aus, zeigte Desinteresse und war deshalb nicht gut informiert.

Irgendwann änderte sich das. Aus heiterem Himmel unterhielt ich mich im Fitnessstudio mit einer älteren Dame, die mir die Augen öffnete. Ich konnte es nicht fassen, recherchierte selbst, besuchte Bauernhöfe (auch Bio und Demeter) und Schlachthöfe und wurde wieder Vegetarier, das ist nun schon dreißig Jahre her und meine Interimszeit als Fleischesser betrug so zwei Jahre. Käse und Milchprodukte schmeckten mir gut und so gingen die Jahre ins Land, bis Sie ahnen es, wieder ein Ereignis in mein Leben trat. Obwohl wir unsere Kinder nicht als Vegetarier erzogen und ich sogar darauf drängte, sie sollten bitte ab und zu etwas Fleisch essen, machten Sie es mir irgendwann nach (wohl das Vorbild das Schule machte).

So im Rahmen der Vor-Pubertät fiel Fleischkonsum und nicht nur das, sondern auch der Verzehr von tierischen Produkten überhaupt durch ihr Raster. In der Familie hatten sich manche radikalisiert. Sie waren Veganer geworden. Ich war erstaunt. Ein Begriff den ich kannte, aber den Sinn dahinter nicht verstand. Meine Große empfahl mir damals den Film *Dominion*. Ich schaffte 15 Minuten und danach war ich platt und Veganer. Was geht da bei mir ab? Ich war auf alle Fälle so geschockt, als wäre meine Oma auferstanden oder meine Katze (ich besitze keine) überfahren worden oder eines meiner Skripte hätte Erfolg gehabt. Lacht! Was war nur los mit mir, dass ich das Elend und das Grauen und den ganzen Horror der modernen Massentierhaltung wie die meisten nicht einfach ertragen und ausblenden konnte. Es geht mir seither tierisch an die Nieren. Auch das Elend der Welt – meine armen Mitmenschen (wir sind eine Menschheitsfamilie) die hungern oder *zerbombt* werden. Ein Therapeut gab mir die Diagnose HSP (high sensitive person). Das jetzt zu vertiefen, würde ein eigenes Buch brauchen. Zum Teil finden sich Erläuterungen in meinem Werk *Total geil(er) Psycho.*

Abgekürzt, sehr vereinfacht kann ich dazu nur sagen: »Ich kann das Leid der Tiere, den Schmerz und die menschenunwürdigen Jobs der Arbeiter, die an dieser industrialisierten Massentötungsveranstaltung teilnehmen nicht ertragen und nicht verantworten. Ab und zu kommen die Umstände wie viele, meistens arme ausgenutzte *Fremdarbeiter*, auch illegale, in schrecklichsten Arbeitsverhältnissen ihr Dasein fristen heraus – damit andere billigstes Fleisch *fressen* können. Doch die Strafe kommt mit jedem Bissen oder später bei der Schlussabrechnung.

Bei mir hört hier der Spaß auf und auch die Ausrede: »Ich kaufe nur Bio, oder beim Metzger meines Vertrauens blablabla...«, kann ich nicht mehr gelten lassen. Der Metzgermeister hat die Kühe nicht im Vorgarten stehen, in der Regel wird in Deutschland im industriellen Fließbandverfahren geschlachtet. Hühner hängen an beweglichen Haken, in Reih und Glied, und rollen wie Gurkengläser in den Schlund der Maschine, ab und zu zappelt noch eines, nicht jedes Tier ist ordentlich *platt* gemacht, es gibt eine Fehlerquote, das ist ganz normal. Nicht dass ihnen gleich übel wird.

Wenden wir unseren Blick kurz nach Japan. Dort gibt es sogenannte Kobe Rinder. Der Umgang mit den Viechern dort ist sehr speziell, er wirkt humaner, wie der Tötungsprozess abläuft weiß ich nicht. Ein Kilo Kobe Beef kann schon mal 500 Euro kosten. Für ein Steak müssten Sie da so etwa ab 100 Euro rechnen.

Tiere sind so lieb, sie leiden, haben Charakter und sind reine Geschöpfe und hilflos. Sie sind uns anvertraut? Also ich kriege das tierische nicht mehr runter und deshalb ernähre ich mich Vegan, egal wie gut es das so intelligente Schwein gehabt haben mag, *wurschtegal* wie top seine Haltung und Aufzucht war. Im Kapitel Quälfleisch kommen wir nochmal darauf zu sprechen.

Als Veganer beschäftigt man sich zwangsläufig mit der Ernährung und der Frage welche Nährstoffe oder Vitamine oder Mineralstoffe oder Spurenelement oder Mikronährstoffe oder was noch nicht entdeckt wurde braucht mein System. Ich kann das hier abkürzen, es läuft eigentlich immer auf das gleiche hinaus. Wie im echten Leben und wie ständig. Es zieht sich wie ein roter Faden durch unser Dasein. Die Mischung macht es aus. Der *goldene Mittelweg* ist der heilige Gral.

Aber der Reihe nach. Als Veganer bekommt man alles was nötig ist um die Maschine am laufen zu halten. Kalzium für die Knochen liefert das Wasser oder der Brokkoli oder Nüsse und Saaten. Wichtig bei den ganzen Nährstoffen ist noch die Absorptionsrate, also wie viel des z.B. Kalziums einer bestimmten Nahrungsquelle (z.B. Erdnüsse) kann ihr System aufnehmen. Manche Pflanzen bieten eine bessere Absorptionsrate wie Kuhmuttermilch? Ich bringe nur Beispiele und es gibt zu jedem Baustein noch weitere natürliche Paleo Quellen. Lacht!

Einige gute Proteine für die Muskeln liefert die Kartoffel (plus Aminosäuren, Vitamin C u. Mineralstoffe) Sie besitzt eine sehr hohe biologische

Wertigkeit. Auch Hafer und Letzt genannter ist eine Eiweißbombe und bei mir gibt es ihn jeden Tag (an 9 von 10 Morgen) zum Frühstück mit besten Omega 3 Fettsäuren. Zu Fettsäuren möchte ich später noch etwas erklären. Was braucht der *Pflanzenfresser* noch so? Das wichtigste was überall erwähnt wird ist B 12, als gäbe es nichts Wichtigeres? B 12 ist wie das D Vitamin (sehr wichtig für das Immunsystem und den Stoffwechsel), viele haben zu wenig davon. Das D wird mit dem Sonnenlicht produziert und ein Mangel kann gravierenden Folgen haben.

Die Tiere nehmen B 12 über die Nahrung auf und so gelangt es in tierische Produkte und ich nehme jeden Morgen ein paar Tropfen veganes B 12 und Vitamin D aus Flechten. Angeblich soll es in Deutschland in der Winterzeit zu einem Vitamin D Mangel bei vielen kommen. Ich denke das reicht, um zu erkennen, warum ich mich vegan ernähre und dass es kein Problem ist. Zum Glück gibt es heute so geile Produkte (man muss nur etwas suchen und sich informieren). Beim Vitamin B 12 scheiden sich die Geister, denn im Darm sitzen wohl Bakterien die das Zeug auch herstellen könnten oder sogar tun nur irgendwie zu spät, aber hier gibt es konträre Meinungen. Also gehe ich kein Risiko ein, sublimiere und lasse meine Blutwerte einmal pro Jahr checken. Was glauben

Sie welche Vergleichsgruppe die besten Blutwerte hat, Allesfresser, Vegetarier oder Veganer? Das liebe Leserin und lieber Leser dürfen Sie selbst recherchieren. Ich könnte nicht mehr einschlafen, wenn für mich ein Schaf oder ein Hund zum Genuss ihr schönes Leben hätten lassen müssen. Also Sie sehen ich stecke in einem moralischen Dilemma bzw. ich mache das freiwillig. Es fällt mir nicht mehr schwer und die Auswirkungen sind bis jetzt durchweg positiv. Die Albert-Schweitzer-Stiftung hat sich sehr ausführlich mit diesem Thema befasst (siehe Links).

Einer der stärksten Männer der Welt, namentlich Patrik Baboumian und 2011 stärkster Mann Deutschlands *frisst* nur Pflanzen. Also warum dann nicht vegan oder zumindest weniger – less is more …?

8. HAFERMILCH - KRASSES ZEUG

Ihr wisst ja (plötzlich wird geduzt?), in der normalen Getreidemilch ist oft Zucker (Kohlenhydrate) obwohl der da von Natur aus so nicht vorkommt. Ich mache Sie mir deshalb meistens selbst, liebe Leserin und lieber Leser. Gewöhnen Sie sich einfach an immer auf die Zutatenliste zu schauen oder nur das zu nehmen was kein Etikett trägt. Lacht, sorry für die Wiederholungen – aber so bleibt es besser hängen!

Wir haben doch alle immer unser Handy griffbereit und könnten dann die Zusatzstoffe im Internet abfragen. Wenn der Guacamole zur Haltbarmachung mehr Zitronensaft wie dem Geschmack guttut zugesetzt wird, dann finde ich das Ernährungsphysiologisch unbedenklich, aber nochmal der Hinweis, ich bin weder gelernter Koch noch Ernährungscouch oder Arzt, trotzdem für was brauchen wir die ganzen Zusatzstoffe und das andere Zeugs. *Risiko*, kennen sie noch dieses Brettspiel? Manche legen Wert auf richtig viel Gefahr. Mir ist das Schleierhaft, aber wie heißt es so schön: »Jede Jeck is anders.«

Hafer ist von Natur aus eine Bombe an Inhaltsstoffen (Magnesium, Calcium, Protein, Kalium, Eisen, Vitamine satt, usw.) Schätzungsweise gibt es auch noch einen *Schwarzmarkt*, damit meine ich verborgene Geheimnisse und *Schätze*, die wir noch gar nicht kennen.

Eine Frage bitte? Sie stehen an einem sehr tiefen Canyon in der Wüste. Sie haben großen Durst. Auf der anderen Seite gibt es einen Imbiss mit Quälfleisch Burger, übermäßig gesalzene Chips mit Transfetten und jeder Menge Salz und braune sprudelnde Zuckerlimo. Sie haben keine Chance, denn leider sind sie kurz davor zu verhungern und zu verdursten. Über den Abgrund führt eine Hängebrücke. Etwas weiter weg gibt es einen natürlichen Übergang. Sie entscheiden sich für den kleinen wackligen aber optisch einwandfreien Steg. Wie sie näherkommen, erkennen sie ein kleines Schild. Darauf steht Zutaten, aus denen dieser Steg gebaut ist: Plastikholzextrakt, Titandioxid, Weizensirup, Pressfleisch, E150C, Saccharose, Erbsengehirnproteine usw. Was die einzelnen Zusätze bewirken können wir nicht genau sagen, aber bisher hat es immer gehalten. Hochachtungsvoll die Hersteller.

Sie überlegen, ist es sinnvoll das Risiko einzugehen oder doch lieber den beschwerlicheren kleinen Um-Weg nehmen? Wie hätten Sie entschieden?

Viele Erfolgreiche Menschen, wären nicht so weit oben, wenn sie in ihrem Leben kein Risiko eingegangen wären. Können Sie sich ein Pokerspiel ohne Wagnis (Bluff) vorstellen oder einen Stierkampf (sollen wohl jetzt endgültig verboten werden)? Ich finde das als Veganer trotzdem etwas Schade, aber die Stiere tun mir leid und es ist *untierlich.* Wie David gegen Goliath, der Matador ist dem Stier haushoch überlegen, nur beim Kräftemessen gewinnt der Stier und bei der Moral. Aber zurück zu unserem Brücken - Gleichnis.

Wir sind doch nicht beim Sport, oder im Beruf oder bei Monopoly oder auf der Rutsche im Schwimmbad. Viele von uns würden doch dem Hängeding nicht unbedingt vertrauen und lieber Außen rum gehen, das ist ein sichererer Weg, ohne Zusätze, Wenn´s und Abers und da würde ich lieber nochmal die Zähne zusammenbeißen und etwas time investieren. Manche haben doch auch Familie. Auf der anderen Seite angekommen müssen wir dann allerdings mal eine Ausnahme machen und Müll essen. Naja, is halt so, wir sind auch nur Menschen mit Fehlern, alle – so der so.

So halte ich es also mit der Nahrung, warum Zusatzstoffe für mich? Damit irgendjemand das Zeug los wird und daran verdient? Das geht mich nichts an. Der Engländer würde sagen: »That´s not my cup of tea.«

So sehe ich das auch, mein Tee ist grün (ich liebe Sencha) und den anderen lehne ich ab, das Risiko ist mir zu groß und das Leben hält noch genug Entscheidungen bereit, wo wir leider ins Abenteuer gehen müssen und der Ausgang ungewiss ist, deshalb sind Zusatzstoffe bei mir out, soweit ich sie erkenne. Aus diesem Grund habe ich auch angefangen mit Hafermilch, Hafer ist einfach ein richtig vitaler Stoff und voller gesunder Inhaltsstoffe, easy selbst zu machen. Finde es auch günstiger. Für mich ist Vollkornhafer ein Wundergetreide. Pferde (sind vegan) gehen damit richtig ab. Bei der Zubereitung von Hafermilch kann man eigentlich nichts falsch machen. Ich nehme schon gequetschten Vollkornhafer und bestes Heilwasser mit vielen guten Inhaltsstoffen, wie ich es im Kapitel Wasser beschreibe. Probieren Sie es bitte einmal aus. Es braucht nicht viel dazu: Vollkornhafer, Heilwasser und Salz. Wer noch etwas Süße mag gibt ein paar Datteln hinzu. Als Anhaltspunkt mache ich immer 750 ml Wasser, mache die Null weg und nehme 75 Gramm Hafer basta. Ca. 10 Minuten quellen lassen. Das Salz, eine Prise, gleich mit rein. Dann den Mixer für 2 bis 3 Minuten auf mittlerer Leistung (müsst ihr selbst herausfinden jedes Gerät ist anders) laufen lassen und die Masse durch einen Nussmilchbeutel geben, ausdrücken fertig. Ich hänge den Beutel an meine blaue Küchenlampe. Hält bei mir so drei Tage. So lecker und ihr wisst genau was drin ist. Besser geht nimmer außer ihr würdet heute noch Waldbaden.

10. WASSER - MIT BUMS

Wasser was soll es da schon für Unterschiede geben? Was denken Sie, liebe Leserin und Leser? Gravierende und leider gilt hier der Satz, er ist fast schon ein Naturgesetz der gesunden Ernährung. Vieles was uns gut schmeckt ist nicht gesund oder es tut uns zumindest nichts. Was genau genommen bei vielen Lebensmitteln (ein schönes Wort übrigens - Dinge zum Leben) schon ein Erfolg wäre.

Ist schon eine ganze Zeit her, da beschäftigte ich mich mit dem Thema Calcium (empfohlen sind glaube ich so 1 000 mg pro Tag), gerade hinsichtlich einer veganen Ernährung und ich war auf der Suche nach guten Quellen. Da stieß ich auf unser tägliches Wasser und stellte fest, dass es hier große Unterschiede gibt. Ich will noch etwas ausholen dürfen bitte! Mit 15 oder 16 Jahren transformierte ich meine Ernährung endgültig auf Vollkornprodukte um und ich weiß noch wie mich das damals *ankotzte*, denn das Zeug war echt gewöhnungsbedürftig (ich tat es ja zunächst hauptsächlich aus Fitness Gründen).

Es brauchte Jahre, bis meine Geschmacksknospen umgestellt und ich damit gut leben konnte. Doch die Motivation blieb hoch. Noch heute empfinde ich, das Würzen von whole grain Produkten schwierig. Als Beispiel bringe ich den Klassiker Nudeln alla Napoli, also mit Tomatensoße = Pomodoro, schmeckt mit 405er Mehl Bombe!!!, mit Vollkornnudeln oder noch besser Dinkelvollkorn geht viel taste verloren. Nach So einigen Jahren der Umstellung glaube ich, dass es reine Gewohnheitssache ist. Wir haben uns einfach Synapsen für das ganze weise Zeugs, raffinierten Zucker, weise Mehle, Kartoffeln ohne Schale, weise Milch, normalen Hafer etc. geschalten und das hat nicht nur ultra Suchtpotential, sondern wir alle sind so groß geworden.

Wären wir Neandertaler, es ist immer gut bei allem was wir täglich tun kurz an sie zu denken und die Frage zu stellen: »Würde das der Neandertalerin bekommen?« Hätten wir von den Erwachsenen immer nur Getreidebrei aus ganzen Körnern, mit Spelz und Schale bekommen, würde uns das weiße sicher nicht bekommen? Heute kann ich gar keine anderen Sachen mehr wie Vollkorn futtern. Nudeln gibt es bei uns so gut wie nie, denn das Produkt ist nach meinem Dafürhalten sehr hoch verarbeitet und wird darum bei uns nur noch rar gegessen. Die Frage was mit einem Lebensmittel geschehen ist bevor es in ihrem oralen Office, sprich Mund, landet macht für mich durchaus Sinn und so kommen Sie Übeltätern auf die Spur.

Wie ist das aber nun mit dem Quellwasser? Zunächst kurz über das Leitungswasser, ein so wie es propagiert wird, sicheres und kontrolliertes Lebensmittel. Glauben Sie das?

N. Blüm, der ehemalige Arbeitsminister des Kanzlers Kohl, rief einmal aus: »Die Renten sind sicher.« Diesen Spruch durfte er sich zeitlebens vorhalten lassen. Zu Beginn der aktuellen Krise sagte Herr Altmaier: »Kein einziger Arbeitsplatz geht wegen der Pandemie verloren.« Nur am Rande fand ich, dass der Norbert, ein sympathischer Politiker war. Wenn Sie noch ein paar Beispiele brauchen, dann empfehle ich das Programm von Roger Willemsen und Dieter Hildebrandt »Ich gebe ihnen mein Ehrenwort.« Beide fehlen der deutschen Intellektuellen und Medienszene sehr.

Trinkwasser wird im Rahmen der Gesetzte kontrolliert. Wobei es unterschiedliche Richtlinien für *Hahneberger* (TrinkwV) und Flaschenwasser gibt. Trinkwasser wird als das bestkontrollierte Lebensmittel hierzulande bezeichnet. In ihm finden sich manchmal Rückstände von Medikamenten, Hormonen, Pflanzenschutzmitteln, Microplastik etc. Die Grenzwerte werden natürlich nie überschritten. Lacht! Es wäre aber auch töricht, das anzuprangern, denn wir alle tragen dazu bei. Das Umweltbundesamt testet und untersucht das Trinkwasser in Deutschland bis zum Hausanschluss. Es soll i.d.R. gut bis sehr gut sein. Ab und zu gibt es Auffälligkeiten wie z.B. Legionellen.

Gedanken über das Wasser, das wir täglich literweise in uns reinschütten finde ich angebracht und weise. Lassen wir die ganze Schadstoff Debatte einmal hinter uns und glauben, dass das Wasser in Allemania safe ist. Gibt es noch einen anderen Punkt, der bei dem kühlen Nass eine Rolle spielen könnte. Ich meine yessss!

Sie wissen es schon ich bin nur ein naiver Bürger, einer der sich eigene Gedanken machte und bei den Neandertalern oft die Lösungen fand. Bei etwas so essenziellem wie Wasser, das täglich literweise genossen wird, ihren Tempel durchspült, wollte ich reflektieren. Der Versuch lautet immer, den richtigen Treibstoff einzufüllen und schädliches oder sinnloses zu vermeiden (wie beim Benziner - kein Diesel, sonst geht er futsch). Abenteuer ja immer, das ist das Salz des Lebens, ein großes Wagnis nur bedingt. Menschen mit Osteoporose (Eine Krankheit bei der die Knochen, wegen Calcium Mangel weich werden) zum Beispiel wird empfohlen ein Wasser mit viel Calcium zu trinken, Sportler *saufen* magnesiumhaltiges, Gourmets am liebsten Wasser mit nichts drin außer Blubber. Warum muss eigentlich Kohlensäure in das Wasser? Tranken die Neandertaler auch Wasser mit Säure? No, sehr wahrscheinlich nur mit etwas sauberer Luft, direkt an einem kleinen Wasserfall am Bach. Haben Sie schon mal unterwegs beim Wandern ein frisches Quellwasser genossen, das ist ein unglaublich geiler Energiedrink. Warum also das Wasser aufbereiten, wie bei dem weißen Mehl?

Also ich trinke naturell und essen will ich auch so, basta. Gehen wir bitte nochmal zurück zu den Osteoporose Empfehlungen hier gibt es Listen mit Mineralwässern, manche explodieren geradezu vor Inhaltsstoffen. Checken sie das mal selbst. Sie werden überrascht sein, wie kostbar manches Elixier ist. Wahre Supernovas an Mineralstoffen. Es kommt hier nicht immer auf den Preis an. Ich möchte keine Werbung machen, gebe aber gerne Tipps. Es gibt total leckeres mineral water mit fast nichts drin, das kommt richtig luxuriös und teuer daher, da könnten Sie den ganzen Tag auch nach Luft schnappen und dann gibt es Wasser mit geradezu magischer Zusammensetzung. Sie ahnen es schon, das sind oft die Heilwässer und die schmecken Bäähh.! Stimmt, zum Teil. Es ist wie mit der ganzen gesunden Ernährung, Sie müssen sich umgewöhnen und das ist hart, aber lohnend. Sie brauchen ja auch nicht absolutistisch vorzugehen – warum nicht mal trinken was einem schmeckt? Trotzdem ihr Tempel dankt es ihnen, wenn Sie gut zu ihm sind. Früher schluckte ich Wasser ohne

Geschmack, heute mit und es fühlt sich irre an. Meine neuen Synapsen verlangen nach lebendigem *Zaubertrank* mit viel Geschmack. Also im Ernst, es gibt Abstufungen, es muss nicht gleich ein schwefeliges Heilwasser sein, man kann sich wie bei Alkohol, langsam steigern und Sie wachsen mit ihrer Experimentierfreudigkeit. Manches Gebräu hat 3 mg Magnesium, ein anderes 400 oder wenig Calcium und das nächste aus der Eifel etwa 125 mg pro Liter. Übrigens gibt es Richtwerte für viele Stoffe wie etwa Natrium, Kalium oder Chlorid. Pro Jahr hauen wir uns ungefähr 140 Liter Mineralwasser rein. Wie viel Wasser (also nicht nur Mineralwasser) trinken wir eigentlich insgesamt? Eine ganz prima Informationsquelle mit Tabellen über Mineralwasser bietet die OSD, den Link finden sie am Ende.

Ein Hinweis am Rande Ich trinke mindestens ein Glas Wasser mit etwas Brottrunk (gut für die Verdauung und das Darmbinom) pro Tag. (dazu später mehr im Kapitel Fermentieren). Es gibt in Deutschland so viel gute, wunderbare Mineralwasser mit super Inhaltsstoffen und Zusammensetzungen, da könnten sie alleine mit Wasser ihren Bedarf an so manchem Mineralstoff bzw. Spurenelement decken! Ein Warnhinweis. Jede Maschine, jeder Körper ist anders. Heute kommt immer mehr auch in der Medizin die Individualbehandlung ins Spiel. Ich sehe das bei der Ernährung ähnlich. Was dem einen hilft, ist möglicherweise bei dem anderen nichts. Ich selbst nehme regelmäßig zusätzlich Magnesium zu mir. Ohne Sublimentierung geht es nicht. Liegt das an der vielen Bewegung bei mir?

Ich weiß es nicht, aber eine Kontrolle ihrer Werte durch ihren Arzt ist immer angezeigt. Ruhig mal auch ein großes Blutbild. Es ist doch ganz leicht oder? Stundenlang können wir vor der Glotze sitzen und uns nicht bewegen. Da könnten wir doch auch meditieren oder uns weiterbilden. Wir müssen nur überlegen, achtsam sein (wir brauchen keine Buddhisten werden), uns informieren und dann die richtigen Schlüsse ziehen? Das Wissen ist nur paar Klicks weg und das gesunde Leben hat bei ihnen schon begonnen sonst würden Sie das nicht lesen. Jeder von uns soll pro Jahr die unglaubliche Menge von: 1 000 000 Litern Wasser verbrauchen. Das wenigste wird getrunken. Prost und hauen Sie ordentlich rein!

11. GEILSTES BROT NIX MEHL

Das beste Brot der Welt und ganz ohne Mehle. Das gibt´s doch nicht meinen Sie? Dieser ultrageile Torpedo besteht nur aus Nüssen und Saaten. Ich möchte hier nicht noch weiter auf Auszugsmehl herumreiten, aber ich denke jedem ist klar, dass wir zu viel weißes Puder zu uns nehmen oder zu wenig körperlich arbeiten und so weiter. Eigentlich weiß doch jeder, ob seine Ernährung, der eigene Lebensrhythmus eher gesund ist oder nicht. Manchmal hilft ein Blick in den Spiegel – wie bei Schneewittchen. Außerdem liebe Leserin und lieber Leser, bin ich überzeugt, dass die meisten wissen wie es geht. Das Problem, Arsch hoch oder couching extrem – Tüte Chips weg, Flasche Bier weg, beginnt in ihrem Bewusstsein. Es ist eine Einstellungssache. Wie so vieles im Leben. Treiben lassen oder selbst Paddeln? Beides kann passen. Es kommt auf den Zeitpunkt und die Umstände an.

Ein Leistungssportler *frisst wie ein Scheunendrescher*, pro Tag bzw. während des Trainings etwa einige tausend Kalorien zusätzlich, das benötigt der, ansonsten bekommt er einen Hungerast und muss *abkacken.* Entschuldigen Sie die Ausdrucksweise. Die meisten von uns treiben aber nicht so exzessiv Sport oder rackern auf dem Bau.

Da führt übermäßige Kalorienzufuhr, oft zwangsläufig zu Fettpolstern oder Übergewicht. Ich kenne natürlich auch Menschen, die noch nie eine Kalorie gesehen haben und futtern wie die Hamster, aber nicht zunehmen. Früher habe ich die beneidet. Heute sehe ich das etwas anders. Es ist doch schön, wenn eine Handlung Auswirkungen hat und weniger toll, wenn nichts passiert. An anderer Stelle hatte ich die Problematik mit dem weißen Tod, schon mal dargelegt. Morgens Mehl, mittags Mehl und abends erneut Mehl. Das könnte zu viel sein? Ich liebe Brot und Backwaren und war deshalb auf der Suche nach welchen mit wenig oder ganz ohne Mehl und wenn schon, dann Vollkorn. Ein Brot, das mir am besten noch richtig viele gute Stoffe gibt. Das war nicht so leicht zu finden, denn Brot backen ohne Mehle klappte nicht so gut am Anfang. Nach viel Experimentieren funktionierte es aber. Es schmeckt natürlich sehr besonders.

Ich finde besonders lecker und die Inhaltsstoffe, sprich Nüsse sind nicht günstig, dafür esse ich fast eine Woche dran. Dieses Brot hier besteht hauptsächlich aus Nüssen (Chia, Leinsamen, Hanf, Hafer, Kürbiskernen, Dampfmohn, Kokosflocken, Hefeflocken usw.) und Saaten. Verwenden Sie was Sie möchten, was ihnen am besten schmeckt, basteln Sie einfach drauflos und wenn die Krumme oder der Körper nach dem Backen, beim Schneiden auseinanderfällt, dann verändern sie einfach die Mischung. Ein Tipp, Chia Samen quellen stark und werden dabei sehr schleimig, ich nutze diese Eigenschaften als Kleber, das gleiche gilt auch für einige andere Saaten. Wer Brot ohne Mehl backt hat halt manchmal das Malheur, dass der Brotkörper nicht so stabil ist. Bei diesem geilen Teil ist das anders. Mit einem scharfen gezackten Brot Messer kommen Sie liebe Leserin und Leser hier optimal durch. Wunderbar ist auch, dass es lange hält. Ich wickle es immer in eine Papiertüte und lege es in eine Plastikschüssel, wobei der Deckel nur lose auf liegt, so bleibt es saftig. Eine Bekannte lässt es nur in der Tüte und mag es, wenn es dann mit jedem Tag härter wird. Jeder nach seinem Gusto. Lacht! Mittlerweile führt fast jeder gute Bäcker ein mehr oder weniger gesundes Brot (ohne Mehle, natürlich ist das etwas teurer). Es gibt auch gute Backmischungen.

Ich schwöre auf meines. Ein gesundes und vitales Brot, dass Sie nicht mehr missen wollen. Buon Appetit? Also kurz zum Rezept. Ausprobieren geht hier über studieren. Je feiner die Zutaten desto besser hält der Brotkörper. Ich mag´s aber gerne grob. Die Zutaten das könnten Chia Samen, Sesam, Haselnüsse, Leinsamen, Banane, Salz, Heilwasser, Kräuter, noch mehr Nüsse (Mandeln,

Cashews, Sonnenblumenkerne etc.) sein. Ihr dürft gerne auch etwas mit Mehl cheaten. Ich gebe so auf 500 bis 600 Gramm Zutaten 300 ml Wasser. Dann, wenn es so weit ist, den Gesundheitstorpedo bei 180 - 190 Grad mit einer Kastenform für 60 bis 80 Minuten backen. Müsst ihr für euch den richtigen Back Grad herausfinden. Noch lauwarm genießen. Ihr wollt nie mehr was anderes – for sure!

12. INTERVALLFASTEN – Tippitoppi

Schon lange habe ich kein *Bock* mehr auf Frühstück. Da ich aber im Kopf diese Verschaltungen meiner Erziehung hatte und sie nicht in Frage stellte, würgte ich mir halt irgendwas rein. Dann rief der innere Richter auch noch diesen *Spinnwebenspruch*: »Zum Frühstück wie ein Kaiser, Mittag wie ein Fürst und abends wie ein Bettler …«

Früher war es bei mir das Süßstück vom Bäcker, später dann gezuckertes Müsli. Wie das auch nicht mehr ging, gab es vor meinem allmorgendlichen Radrennen nach Heidelberg (MA - Ladenburg - HD - ca. 25 km), einen frisch gepressten Saft. Das empfand ich oft als stressig, denn zum Reinigen der Presse hatte ich morgens keine Lust mehr oder Zeit und oft kam der O-Saft am Ende der Morgenroutine und es war nur noch wenig Zeitfenster übrig. Also stürzte ich das Zeug runter. Dann eines Tages hörte ich davon, dass es überhaupt nicht nötig sein sollte morgens zu Essen, es wäre eine individuelle Sache? Das war total nagel new für mich. Ich hatte diesen Quark selbst meinen Kindern noch einige Zeit eingetrichtert: »Ein gutes Frühstück morgens ist total wichtig, sonst könnt ihr Euch in der Schule nicht konzentrieren blablabla…«

Heute weiß ich, dass das Bullshit war. Sorry Kids! Wer morgens einen *Wasserweck* mit brauner oder weißer Zuckercreme (noch eine dicke Schicht Fett drunter) braucht soll das machen, meins ist es nicht mehr. Frühstück kommt bei mir frühestens um 12 Uhr mittags. Heute habe ich meine letzte Mahlzeit um 19 Uhr zu mir genommen. Meine liebe Leserin und lieber Leser, Sie wissen schon worauf das hinausläuft. Ich betreibe Intervallfasten und es ist das geilste *Lifestyle Ding* was die letzten Jahre hochkam. Neu ist es ja nicht, denn die Neandertaler mussten da auch durch, wir machen es sogar freiwillig. Die Wissenschaft meint, dass unser Körper darauf programmiert ist längere Phasen ohne Nahrung zu funktionieren. Ob das stimmt weiß ich nicht, aber es fühlt sich für mich toppinger an? Die gehen sogar so weit zu behaupten, dass das gesund sei. Gefastet wird ja schon immer und über alle Kulturen hinweg. Es gibt religiöses Fasten, Heilfasten, Fasten nach Buchinger, usw. oder halt dieses *Intervallfasten-Ding*. Ich finde temporären Nahrungsentzug top, wir sind hier wieder beim Verzicht, jeder muss aber selbst schauen ob er das kann und darf (unbedingt vorher einen Arzt konsultieren). Mir liegt das Intervall oder Intermittierende Fasten am ehesten. Es lässt sich gut in den Alltag integrieren, einmal gelernt und praktiziert, läuft es einfach so nebenher. Ich faste zusätzlich noch regelmäßig über längere Zeiträume, vermeide aber ein Hungern, bei dem zu wenig oder gar keine Kalorien zugeführt werden, da ich hier die Sorge einer Unterversorgung und des Muskelabbaus habe (pragmatisch wie ich bin, habe ich auch keine Lust mir die antrainierten *Muckis* wieder aufbauen zu müssen). Generell kann der Mensch aber bis zu 200 Tage ohne Nahrung auskommen, insofern er zu Trinken hat. Warum ist diese Art der Kasteiung so gesund?

Viele wissen das mit Sicherheit schon und ich versuche mal das als Laie zu erklären. Der Stoffwechsel im Körper wird beeinflusst und es kommt zu einem Prozess, der sich Autophagie nennt, bei einem längeren *Fasten-Projekt* kann es noch zur Ketonese kommen. Hört sich bekloppt an ist aber ganz leicht erklärt. Beim Darben über mehrere Tage, wenn oben keine oder wie bei mir weniger Nahrung reinfällt, verbrennt der Körper erstmal die ganze Glucose (Reserve), bis alle Speicher (Leber, Magen usw.) leer sind, dann muss er sich was überlegen. Das geht automatisch und ist bei jedem Menschen auf der Welt genauso. Oke, Sie haben recht, irgendwo rennt immer einer rum der anders ist. Lacht!

Wenn also die Vorräte aufgebraucht sind, dann schaltet unser System um auf Fettverbrennung.

Früher bei den Neandertalern überlebte die Hungersnot der am ehesten oder besten, welcher über die meisten Fettreserven verfügte. Unsere Maschine ist so programmiert, ein Überangebot an Benzin in den Vorratstank (Fettdepots) umzuleiten. Das ist aber kein Freibrief und was hier wie ein Vorteil aussieht, ist beim Wegrennen, wenn der Säbelzahntiger nach einem schnappt hinderlich. Die Medaille hat sozusagen zwei Seiten. Eine dicke Person ist schätzungsweise auch leckerer für den Tiger. Aber mal Spaß bei Seite, die Forscher gehen davon aus, dass es bei den Neandertalern zu längeren Zeiten ohne Nahrungszufuhr kam. Aus diesem Grund soll unser System so programmiert und daraus sogar etwas Positives machen können. Sehr wahrscheinlich gibt es dazu auch andere Meinungen.

Heute ist es leider so, dass hungern, eher weniger vorkommt, weil wir ständig am Essen sind. Ein gutes Beispiel ist eine Shopping-Mall oder die Fußgängerzone in ihrer Innenstadt. Eine Fressbude nach der anderen die mit ihrer Werbung und einem mehr oder weniger verlockenden Duft daherkommen. Überall rennen die Leute gestresst durcheinander und futtern und telefonieren dabei. Kommt mir sehr-sehr-sehr weit von der Lebensweise der Neandertaler weg, die uns prägte. Ich würde sogar so weit gehen, dass ich die Lebensumstände der Neandertaler als höherwertiger und für unseren Organismus besser einstufe. Natürlich hatten die keine solche medizinische Versorgung wie heute und die Lebenserwartung war wohl auch nicht so hoch? Aber ist das das Ausschlaggebende? Möglicherweise wäre es sinnvoll, das Beste aus diesen zwei Welten zu verknüpfen (wir machen eine Subsumtion), wobei die saubere Luft schon weg ist. Dafür gibt es Feinstaub satt, zumindest in den Innenstädten. Luftverschmutzung wird für viele Sterbefälle und Krankheiten verantwortlich gemacht. Manche Gazetten oder Ärzte behaupten, dass es sogar in die Hunderttausende geht.

Gehen wir bitte wieder zurück. Also wir waren bei der Fettverbrennung. Fett ist Energie und die wird irgendwie verbrannt und es entstehen so kleine Keton Körper in uns. Diese Dinger kann der Körper wieder nutzen, er macht daraus wie zuvor aus der Glucose Treibstoff und so hat er einen Pfad aus dem Dilemma, ohne Nahrungsaufnahme, gefunden. Beim Intervallfasten verzichtet man ja nur einige Stunden auf Nahrung (kcal), trotzdem soll das ausreichen, um in die Autophagie zu kommen. Das ist auch nur ein sperriger Begriff, der aber ebenso easy erklärt ist. In uns gibt es Müll, in den Zellen sitzt falsch gebauter Kram, schlecht gebastelte *Eiweiße* usw. Im normalen Alltag ist unsere Maschine nicht so gut in der Lage diesen Abfall ordentlich zu entsorgen, sprich den Gehweg zu kehren, das Unkraut (Beikraut eigentlich) zu entfernen, denn das Ding ist mit vielem beschäftigt (Hamsterrad) und der ganze Schrott (schlechter Treibstoff mit zu geringer Klopfzahl) mit dem wir es zu stopfen und sinnlos belasten kommt auch noch dazu.

Wenn wir nun einen gewissen Zeitraum, der soll bei Frauen und Männern etwas unterschiedlich sein, aufhören Kalorien in uns zu stopfen, unsere Super-Maschine mal zur Ruhe kommen lassen, dann geschieht so nach 14 bis 16 Stunden das Wunder der Autophagie. Bildlich gesprochen rast der Wall-E durch unsere Zellen und räumt endlich mal auf und das beste er repariert auch noch und der alte *Knaster* wird als Energie verbrannt. Wie geil ist das und hier muss ich die Technologie und den Fortschritt und die Wissenschaft mal loben? Dass das so stimmt, dafür bekam Yoshinori Osumi den Nobelpreis. Wohlgemerkt stammt dieses Wunder von der Natur, aber er war der erste der bewiesen hat warum Fasten so heilsam ist. Ich selbst möchte es nicht mehr missen, es macht mich morgens und über den Tag verteilt leistungsfähiger und zumindest am Anfang purzeln die Pfunde (obwohl das keine Diät ist), meine Sehkraft und der Geschmacksinn verbesserte sich, ich stehe früher auf und fühle mich einfach fitter. Meine Methode ist 16:8, das meint ich esse 16 Stunden lang nichts und kann dann 8 Stunden essen, wobei ich das nicht so genau nehme in dieser Hinsicht, dass das Fenster, in dem ich futtere, auch mal kürzer ist, dann ist die Fasten-Phase auch mal 20 Stunden lang. Nur unter die 16 versuche ich nicht zu kommen. Manche behaupten sogar, dass sie in den 8 Stunden so viele Kalorien zu sich nehmen können, wie sie wollen und nicht an Gewicht zulegen. Das habe ich noch nicht ausprobiert. Ich zähle aber auch keine Kalorien und habe das Gefühl, dass ich eher viel Esse, aber halt nichts Sinnloses oder Ungesundes. Generell höre ich spätestens gg. 20 Uhr auf Kalorien zu konsumieren und Frühstücke am nächsten Tag um 12, wobei das meistens 13 oder 14 Uhr wird, denn ich bin unheimlich produktiv ohne Nahrung und die Zeit verfliegt geradezu. Oft komme ich dann in Zeitnot, da ich zu wenig gegessen habe und das ist ja auch nicht gesund und deshalb freue ich mich auf meine schnelle und gesunde Küche. Da geht immer was. Mittlerweile gibt es sogar schon vegane Fastenboxen für zu Hause. Damit kann man einfach mal loslegen und muss sich um nicht viel kümmern. Ich würde sagen einfach mal egal wie ausprobieren. Bin gespannt auf ihr Feedback.

13. WEIßER TOD + KH SCHWEMME

Warum schmeckt das ungesunde nur so verdammt gut? Diese Frage stellte auch schon der Autor Steven Whitley in seinem Buch *Why humans like Junk-Food.* Ist Ihnen liebe Leserin und lieber Leser schon mal aufgefallen, dass raffinierter (isolierter) Zucker strahlend weiß ist und in großen Mengen ungesund sein soll?

Zum kristallinen *Proletarier Koks*, wie es manche nennen (z.B. der Discounter netto) kommen wir im nächsten Kapitel. Mehl wird von der Industrie auch »veredelt«, sprich weiß gemacht und die Milch ist auch weiß, wie ein Eimer Wandfarbe. Mit dieser Farbe assoziieren wir Reinheit, Hygiene oder auch Weisheit. Also etwas durchweg Positives.

Dabei steckt in diesen *raffinierten* Produkten dieser Couleur, oft nur noch ein Bruchteil der ursprünglichen Inhaltsstoffe. Auch Ärzte, Professoren, Pfleger, Schwestern, Tatortreiniger, Schwäne und andere Heilberufe tragen dieses tolle Weiß. Eine Bekannte von mir, die schon sehr betagt ist (Ende 70) musste sich einer größeren Routine Operation (neues Hüftgelenk) im Krankenhaus unterziehen. Erst war Sie total dafür, nun geht Sie nicht hin. Die Krankenhauskeime und ihr Alter halten sie davon ab. Ich meinte zu ihr, dass das ein weiser Entschluss sei. Krankenhäuser sind per se auch Orte an denen nicht jede Operation gut ausgeht/ gelinkt und wo es, obwohl dort vieles weiß ist und es weise Menschen gibt, multiresistente Keime (nicht weiß) und anderer Kram warten und damit, wie auch einem Eingriff ist nicht zu spaßen. Es geht ums Abwägen? Welches Risiko ist größer bzw. bin ich bereit zu tragen. Eine Einzelfall Entscheidung, die jeder sehr achtsam treffen sollte.

In der Theorie ist vieles leicht, so zum Beispiel auch der Bau eines Hauptstadt Flughafens. In der Praxis geht es dann auch oft schief. Warum also ein Risiko eingehen, wenn es andere Möglichkeiten gibt? Denken Sie bitte nochmal an das Brückengleichnis und unsere Freunde die Neandertaler. Meine Bekannte stärkt jetzt ihre Hüfte durch ein effektives Training. Es wurde um einiges besser und es muss nicht immer alles perfekt sein – leben ist wichtiger.

Grob, denn ich bin doch immer noch kein echter Experte auf diesem Gebiet, besitze aber eine bestimmte Erfahrung und sage deshalb, dass ihr Körper, ihre geile Maschine, ihr Wundersystem, drei Dinge braucht, Treibstoff (Energie), Baustoffe und Zusatz- oder Hilfsstoffe (keine E Stoffe, eher Vitamine und Spurenelemente usw.). Lacht! Die Psyche klammern wir hier mal aus und Liebe hatte ich vergessen. Sehr wahrscheinlich auch vieles was noch gar nicht erkannt oder entdeckt wurde. Glauben Sie, dass diese Nährstoffe in einer Cellophantüte in heißem Fett gebadeter Kartoffelscheiben oder in frittierten länglichen Kartoffelstücken (ich liebe French fries) oder in strahlend gelbem Zuckerwasser zu finden sind?

Potenziell möglich scheint alles, was die Hexenküchen der Lebensmittelindustrie heute so basteln und raushauen? Vielleicht gibt es bald eine Kapsel, mit der wir den ganzen Tagesbedarf an allem essenziellem decken und dann noch über die Stränge schlagen dürfen, ohne dass es negative Folgen haben wird.

Kohlenhydrate entstehen bei der Fotosynthese der Pflanzen, meistens in den Blättern und sind somit umgewandeltes Sonnenlicht, goldene Energie. Diese umgewandelten Strahlen unseres Zentralgestirns benötigen noch Kohlenstoff (CO2), Wasser (Wasserstoff) und es entsteht neben dem Zucker, Sauerstoff als *Abfall* (wiederum alles sehr vereinfacht, denn ich bin kein Wissenschaftler, nur einer der versucht Wissen zu schaffen).

KH sind essenziell für uns, sonst geht irgendwann nichts mehr, also per se nicht so schlecht, wie sie von mir gemacht werden. Lacht! Aber viele Lebensmittel haben ungeheure Mengen davon, schätzungsweise zu viel, das sind echte Kohlenhydrat-A-Bomben und auch wenn es leidig ist, sollten wir uns an Paracelsus erinnern. Die Dosis macht's und ein to much kann schädlich sein. Kohlenhydrate werden auch als Zuckermoleküle bezeichnet. Es gibt Sie als Einfach, Zweifach, und Vielfachzucker (Polysaccharide). Einfachzucker sind Traubenzucker oder die Süße im Obst, die Fructose. Mit den KH kann man sich schwer verschätzen. Früher im Neandertal wurde das Getreide (wenn überhaupt) noch mit der Hand gemahlen, das war mühsam. Es gab weder weißes Brot, Backwaren, Ärzte, Krankenhäuser, raffinierten Zucker, Tankstellen, Fastfood Restaurants, Fahrräder, Mohnschnecken mit Zuckerguss, Netflix, Gymnastik Videos, das deutsche Reinheitsgebot, Marzipanbrot oder Nudeln. Also diese *speziellen Produkte* und somit solche Anhäufungen reiner Kohlenhydrate. Diese Kohlenhydrat K2-Gipfel begleiten uns erst seit kurzem. Wenn Sie morgens ein Toast mit Marmelade essen, sagen wir mal ihr Toast würde 85 Gramm wiegen und der süße Aufstrich nochmal 15 Gramm. Was denken Sie dann wie viel Zucker, Kohlenhydrate gelängen dann in ihr System? Es würde so um die 90 Prozent liegen, denn Marmelade besteht ja auch aus Bergen, ganzen Gebirgsketten von Gelierzucker. Also meine Zahlen sind genähert und Sie wissen ich bin kein Fachmann.

Das Internet und die Büchereien sind aber voll von Beispielen. Sie drückten sich da also eine Mahlzeit rein die fast nur aus KH, sprich Zucker besteht und wo Vitamine, Mineralstoffe und so Fehlanzeige sind? Mittags dann Nudeln aus Hartweizengrieß oder eine Pizza, Zuckerlimo, danach noch ein Stück Kuchen (arme Maschine), wieder ein Himalaya an Zuckern, und abends ein Brot mit Wurst. Wo waren hier nun die Stoffe, die ihr Tempel, ihr System braucht?

Schätzungsweise im Salat mit Coktailsoße? Das ist zu wenig. Also immer brav weiter Kohlenhydrate und Nitritpökelsalz. *Irgendwann ist's aus die Maus.* Die meisten Lebensmittel sind dazu noch hochverarbeitet. Das N-Salz ist ein Sammelsurium aus normalem Speisesalz und Kalium- oder Natriumnitrit, also E 249 oder E 250. Nur am Rande die Ernährungsexpertin Birthe Wulf erklärte, dass beim Erhitzen von Nitritpökelsalz, krebserregende Nitrosamine entstehen. Mir sagt das nichts, nur dass ich kein Risiko eingehe, mit geringen Temperaturen mein Essen zubereite, am besten in Rohkostqualität und die Zusatzstoffe nicht brauche. Übrigens stuft die WHO bestimmte Fleischsorten als krebserdend ein (Links wie immer im Anhang). Doch nochmal, um nicht alles auf die Nahrung zu schieben, die gesündeste Ernährung nützt nichts, wir brauchen auch Glück im Leben.

In unserer Zuckerdose zu Hause oder bei Oma, findet sich Saccharose, ein Zweifachzucker (Disaccharide) aus Glucose und Fructose. Mehrfachzucker (z.B. in VK-Produkten) ist weitaus vielschichtiger im Aufbau und schmeckt nicht mehr sweet, ist aber immer noch Zucker. Kohlenhydrate lassen unseren Blutzuckerspiegel ansteigen (das muss nicht schlecht sein, wenn Sie in den Steinbruch gehen und dort den ganzen Tag schufften). Viele Lebensmittel haben leider jede Menge davon, aber keinen weiteren Nutzen (außer sie schmecken gut und machen so ein Glücksgefühl – kenne Sie das?), denn ihre Inhaltsstoffe sind verschwunden oder in geringerer Zahl vorhanden oder haben zu viele sinnfreie Zusatzstoffe?

Jetzt fehlt noch ein Beispiel für Vielfachzucker bzw. Mehrfachzucker. Dieser findet sich in Kartoffeln, Getreide, Linsen, Kichererbsen, Lupinen, Bohnen, Sojabohnen usw. Kohlenhydrate sind generell super, aber sie sind nur was sie sind, nämlich Treibstoff, pure Energie und *Du solltest Sie auch so einsetzen.* Wir essen uns die KH rein, als würde jeder von uns den ganzen Tag mit Hammer und Meißel im besagten Steinbruch malochen, stattdessen sitzen viele den halben Tag nur rum. Lediglich ein kurzer Walk in der Mittagspause zum Fastfood Tempel der Wahl ist angesagt, dort wird dann wieder gesessen. Schauen Sie mal bitte den Film *Supersize me* an, ein Selbstversuch in Sachen schnelle Nahrung. Ich hatte die letzten Jahre großes Glück, arbeitete im schönen romantischen Heidelberg, durfte mich an sehr flexiblen Arbeitszeiten erfreuen, fuhr jeden Tag mit dem Rad etwa 25 km zur Arbeit und schlenderte in meiner Mittagspause, die auch mal 2h oder länger dauerte, den Philosophenweg hoch oder zum Königstuhl (570 Meter hoher Berg im Odenwald).

Natürlich musste ich die Zeit nachsitzen, aber das war es mir wert. Unsere Wundermaschine braucht Energie zum Funktionieren und viele Auszeiten (Waldbaden) und wir zum Leben. Brennstoff holt sie sich von KH direkt über die Nahrung, aus unseren Speichern oder bei der Fettverbrennung (dazu im Kapitel Grundumsatz mehr). Ein gewisser Blutzuckerspiegel ist immer in unserem Körper erforderlich. U.a. das Gehirn liebt Zucker und braucht ihn auch. Sollten wir aus den genannten Gründen jetzt trotzdem Zucker (Nervennahrung) pur essen?

Die Wissenschaft sagt hier, dass der Körper sich seinen Zucker selbst, z.B. aus Kartoffeln macht. Wir brauchen hier nicht nachhelfen. Das ist tippitoppi! Unsere grauen Zellen verbrauchen mehrere Esslöffel Glucose am Tag (das Gehirn mag nur Glucose oder Keton Körper). Hergestellt wird der körpereigene Zucker u.a. im Darm oder der Leber und gelangt so ins Blut. Überhaupt brauchen wir wohl nur so etwa 47 Stoffe, um unseren Rennboliden in der Spur zu halten. Das sind paar Vitamine, einige Aminosäuren, wenige hoch ungesättigte Fettsäuren, 5 Mineralstoffe und viele Spurenelemente. Soweit das Lehrbuch. Jeder der Ihnen weismacht er wüsste die Wahrheit, wüsste wie es geht, da wissen Sie, der hat Sie nicht mehr a… Lacht!

An der besten Ernährungsweise, wird ständig dran weitergeschrieben. Sie haben es mit Sicherheit bemerkt liebe Leserin und lieber Leser, Kohlenhydrate gehören dazu, aber in welcher Form und *Unmenge*?

Sehr empfehlenswert ist das Buch *Die Weizenwampe*, von Dr.med. Wiliam Davids. Ich will hier die KH nicht nur verdammen. Kohlenhydrate haben auch Vorteile. Sie sind die Energieform, die sofort und schnell verfügbar ist. Wir haben nur ein paar hundert Gramm gespeichert und das reicht nicht mal für einen Marathon. Das Problem mit den Kohlenhydraten und dem Zucker ist wohl das zu viel davon. Der Körper, die Zellen können in einen Zustand kommen, bei dem Sie dauerhaft überfordert sind. Zuviel Zucker im Blut, kurbelt die Insulinproduktion an. Insulin senkt den Blutzuckerspiegel und drückt das Zeug in die Zellen, wo es als Fett eingelagert wird. Ein Ausscheiden des *Zuviels* an Zucker ist in unserem Programm nicht vorgesehen. Ein dauerhaft hoher Blutzuckerspiegel ist ungesund und kann zu Folgeerkrankungen führen. Sportler können, dürfen und müssen oft mehr Kohlenhydrate essen. Manche Experten sind der Meinung, dass es bei Kohlenhydraten gute und schlechte gibt. Die schlechten kennen Sie schon, Die guten sind etwa in natürlichem unverarbeitetem Grünfutter und Pflanzenprodukten zu finden. Ich glaube die wichtigste Botschaft hier ist, dass Sie Nahrungsmittel konsumieren sollten, die gesunde Kohlenhydrate (z.B. Gemüse, Salat, Wildpflanzen, Obst, Nüsse, Hülsenfrüchte, usw.) und zusätzlich Vitalstoffe liefern (ich wiederhole mich gerne das wissen Sie auch schon).

Nahrung die überwiegend aus Kohlenhydraten besteht und sonst nichts, also die KH-Knaller, meist noch stark verarbeitet, sollten Sie meiden. Lernen Sie die Lebensmittel neu kennen und gute zu lieben. Tatsächlich werden 1/3 Drittel der produzierten Lebensmittel weggeworfen. Ist das nicht schrecklich? Wir haben die Qual der Wahl und andere quälen sich mit Hunger. Wir werden immer fetter und manche verhungern. Wie traurig ist das?

Das bringt mich überhaupt zu der Überlegung, ob unsere Wertschätzung für gute Nahrung und unsere Mitmenschen die an Unterernährung leiden, verloren ging? So manch einer der hier bei uns rumläuft könnte mit seinen gespeicherten Energiereserven (Fettzellen) Menschenleben retten. Spenden Sie ihren Rettungsring, am besten, bevor er entsteht.

14. ZUCKER + CO = TEUFELSZEUG?

Was ist bloß los mit *Fürst* Zucker? Das geile Zeug ist noch gar nicht so alt, wie man das eventuell vermuten könnte. Früher kannten die Leute (Neandertaler inklusive) schätzungsweise nur Honig und süße Früchte. Die erste Süße wurde vor ein paar Jahrzehnten hauptsächlich aus Zuckerrohr gewonnen und war nur für die Reichen. Wie ungesund, lacht!

Erst um das 18 Jahrhundert wurden in Deutschland die Zuckerrüben erfunden. Warum eigentlich? Vielleicht versuchen Sie das mal selbst rauszufinden. Noch ein Anliegen hätte ich, bitte. Eine Empfehlung, sozusagen einen Feldversuch möchte ich ihnen auftragen bzw. an´s Herz legen. Das nächste Mal, wenn Sie draußen unterwegs sind und sie kommen nach der Ernte, an so einem großen und langen Haufen, von Erde noch braunen, Zuckerrüben vorbei, dann nehmen Sie ihr Taschenmesser heraus, schneiden ein Stück ab und probieren das mal (natürlich nur mit Erlaubnis des Eigentümers – manchmal bleibt auch noch ´ne Rübe auf dem Feld, da können Sie *stoppeln*). Ich bin gespannt wie es ihnen mundet?

Gerne dürfen Sie mir ihr Erlebnis mitteilen, aber back zur Frage. Als nicht Chemiker und mit maximal einer drei in diesem Schulfach stellte ich fest: »Das Zeug ist meist weiß, kristallin und ziemlich sweet.« Das Internet meinte, dass es kurze und lange Ketten von Zucker gibt. Wen interessiert das?

Ich will hier anführen, nur um das klarzustellen, dass es viele süße Alternativen gibt. Ich möchte aber mit ihnen zunächst den klassischen Rübenzucker, so wie wir ihn von Großmutters Zuckerdose her kennen besprechen. Diese *raffinierten* (industrielle bearbeitet, u.a. dass er weiß wird) Kristalle gehören zur Stoffklasse der Kohlenhydrate. Tiefer möchte ich nicht einsteigen. Zucker ist per se nicht schlecht. Man kann aus ihm Biotreibstoff anfertigen und Ameisen oder Bienen (naja kriegen ihn halt beim *Honigklau*) lieben ihn auch. Er dient uns als Energielieferant, denn unser Körper braucht Brennstoff, wie ihr Auto und hat nur zwei Möglichkeiten an solchen zu gelangen, aber das hatten wir schon. Am einfachsten verbrennen wir Zucker und in der Not auch das Fett. Im Kapitel Intervallfasten hatten wir das genauer erläutert.

Wir wissen alle Energie ist überlebenswichtig und nicht nur für das Funktionieren unseres Apparates, sondern auch unser Gehirn verbraucht im Schnitt so 200 bis 500 kcal am Tag. Bei manchen die nur noch ihr *Schlautelefon* und *Iris* fragen, ohne selbst zu denken, schätzungsweise auch nur 1 bis 2 Kalorien. Lacht! Sie müssen mir mit Sicherheit recht geben, dass die Menschen vor hundert Jahren körperlich härter arbeiteten und deshalb mehr Brennstoff verbrauchten? Alleine bei einer meiner vielen Tageswanderungen, erklärt mir irgendeine Uhr eines Teilnehmers, dass wir jetzt sagenhafte 2 000 Kalorien zusätzlich verbraucht hätten. Bei der Tour de France verbrauchen die Teilnehmer bei den Bergetappen 10 000 Kalorien und mehr. Das ist krass und unglaublich, aber ist es auch gesund? Die Biker könnten 10 Tüten Chips berghoch futtern und nehmen kein Gramm zu. Beneidenswert?

Dieses Szenario gilt aber nicht für uns. Wir brauchen so viele Kalorien nicht und vor allen Dingen benötigen wir gute Kalorien. Damit meine ich Sachen mit vielen Vitaminen, Mineralstoffen, Mikronährstoffen, Ballaststoffen und was weiß Gott noch alles, was in gesunder, ehrlich produzierter Nahrung drinsteckt.

Versuchen Sie sich mal vorzustellen, dass Sie mit ihrem Körper an eine Tankstelle fahren und nun sollen Sie einen der Zapfhähne nehmen um Sprit, also Energie zuzuführen. Auf einem Hahn steht Fructose, auf einem anderen Glucose, der nächste meint top Traubenzucker für noch mehr Leistung. Sie überlegen, das sagt Ihnen noch nicht so zu, denn wir haben ja schon einiges an Licht ins Dunkel gebracht. Dann entdecken Sie einen

Zapfhahn mit der Aufschrift top Gemüse plus Vitalstoffe. Natürlich nehmen Sie die Gemüse Pistole und füllen den Tank, ihren Speicher mit wertvollem Treibstoff. An der Kasse zahlen Sie ein paar Cent mehr, aber Sie haben das Gefühl, das richtige gewählt zu haben und ihre Maschine dankt es Ihnen mit einem positiven Feedback.

Wieso werden wir alle immer dicker, obwohl wir doch wissen wie es geht? Wir haben doch eine immer größere Auswahl an angeblich top Superfood. Sehr wahrscheinlich liegt es an unserer modernen Lebensweise, zu vielen Kalorien und/ oder zu wenig Bewegung. Ich glaube nicht, dass sich unsere Gene verändert haben. Natürlich werden auch immer wieder andere, zusätzliche Gründe wie Weichmacher usw. aus Plastik angeführt. Wie gesagt ich bin Laie, eigentlich bei allem was ich tue (bleibe es wohl auch für immer), aber ich denke nach und das hilft. Schlechtes Essen versorgt unser System mit nicht genug guten Baustoffen, um die Maschine wie geölt schnurren zu lassen. In dem Film *The Game Changers*, behauptet ein Arzt, dass der Konsum von tierischen Produkten die Potenz schmälert. Ein sehr interessanter *halbdokumentarischer* Plot über gesunde Ernährung und den Stand der Wissenschaft. Der Streifen ist aber nun auch schon wieder zwei Jahre alt und das Leben fließt weiter, wie ein Gebirgsfluss und wir können niemals zweimal in den gleich Bach steigen, obwohl die Wassermenge auf der Welt gleich bleibt.

Aber kommen wir zurück zu unserer Ausgangslage: »Gesunde Ernährung, etwas Glück, die modernen Zivilisations-Krankheiten und der Schlüssel für ein besseres Durchkommen liegt nach meinem Dafürhalten in der Achtsamkeit – alles andere wächst dann nach.«

Was könnte noch schieflaufen? Ein Beispiel, dass das Dilemma verdeutlicht. Zucker in seiner reinsten Form ist also für uns Nachfahren, der Neandertaler (bitte nicht wörtlich nehmen, diese Spezies soll ausgestorben sein, behaupten manche), etwas Neues. Den homo sapiens gibt es so seit round about 300 000 Jahren, Zucker erst seit etwa 1 000. Nehmen Sie die Zahlen nicht so ganz genau, ich runde gerne und es finden sich oft viele Quellen und Angaben im Netz. Es ist wie mit Zeugenvernehmungen – fünf Personen beobachten das gleiche und hinterher, erhalten Sie verschiedene divergierende Beschreibungen. Später erwischen Sie den Täter und bemerken, dass keine genau gepasst hat. Das war ein kurzer Abstecher aus meinem vergangenen Beruf/ Leben. Jede der Aussagen enthielt ein Quäntchen Wahrheit – aber wie wollen wir erkennen was wahr ist? Das wäre die Kunst mit dem *erkenne dich selbst.* Ich sagte ihnen zu Anfangs schon, ich bin Laie, kein Arzt, kein verrückter Professor und noch nicht mal Ingenieur. Aber das hindert mich nicht am selbst denken und selbst recherchieren und dabei entdeckt man oft erstaunliches. *Niemand kennt die Wahrheit?* Glauben Sie niemandem, auch mir nicht, gehen Sie vor Ort und schauen Sie selbst nach. Lassen Sie sich ihre Meinungen und Ansichten nicht vorkauen und diktieren. Wenn Sie jetzt argumentieren und meinen das geht doch so nicht, ich bin doch kein Fachmann, dann möchte ich ihnen sagen doch das geht. Sie sollen auch kein Experte werden, sondern weise. Bei den alten Griechen war es vorgeschrieben, dass jeder Bürger jedes Amt (bis auf eines) innehaben durfte. Es war sein Recht. Er brauchte dazu keine Vorkenntnisse besitzen. Ein wacher Verstand und Motivation reichten aus. Ich sehe das heute genauso. Denken Sie doch mal an unsere Politiker, da wird einer Finanzminister der das nicht studiert hat. Kennen Sie sich mit Finanzen aus? Natürlich, wenn nicht könnten Sie es lernen, alle anderen Antworten sind *Kindergarten* – also Ausreden. Bei der Ernährung haben Sie ja schon mal angefangen. Genug der Philosophie, denn Philosophie ist in ihrer Art immer kontrovers.

Bei Wanderungen nehme ich gerne Chips mit, erstens weil ich die liebe und zweitens, weil sie leicht sind und drittens, weil sie irre schmecken und etwas auslösen, dass ich nur von Drogenflash Beschreibungen kenne und viertens, weil sie *gaa-anz* ganz viele Kalorien haben und das benötige ich ja beim Hiking. Klar Nüsse sind auch dabei, sind auch die bessere Alternative. Wenn wir nun aber als moderner vernünftiger Mensch, nach Feierabend auf der Couch gammelnd, permanent eine Tüte Chips futtern und *busenmachende* Hopfenkaltschale trinken und danach einpennen, was glauben Sie was passiert?

Kurze Pause - eins, zwei, drei genau, Bingo!

Unser Körper ist ein faszinierendes Ding, er verlangt nach ausgewogener Ernährung. Kalorien die wir nicht verbrauchen, sinnlose schlechte Kohlenhydrate werden gespeichert. Das ist heute manchmal ein Dilemma, früher für die Neandertaler top. Es gibt einfach so viele Verlockungen, da draußen und die sind auch noch so leicht zu erreichen. Die Neandertaler mussten schätzungsweise um ihre Nahrung kämpfen, konnten nicht einfach mit dem Smartphone das Burger Menü bestellen und bezahlen.

Das System hat es nicht vorgesehen unnötige Energie auszuscheiden. Das Urprogramm sagt, die heben wir als Notreserve für schlechtere Tage auf und bei den Neandertalern war das vielleicht sogar überlebenswichtig? Der Vernunft begabte

Mensch, ist doch als Tier eher wie ein Reh, oder ein Schaf, wir können nicht wie der Löwe nach einem Gnus jagen und es dann mit unseren Klauen reisen und Fangzähnen zerlegen. Wir mussten trickreicher sein und so kam es vor, dass wir auch mal tagelang nur Magerkost bekamen. Auch Getreideprodukte, Cornflakes, Schwarzwälder Kirsch, Vitamintabletten, Aachener Printen, Schaumküsse, Haselnusscreme oder Nudeln hatten die Höhlenmenschen nicht. Ihre Ernährung wird heute unter dem Begriff Paleo beworben, aber dazu später noch. Warum macht das aktuelle Leben kränker und warum sollte eine Lebensweise, die zurück zu den Ursprüngen geht nicht gesünder sein? Nochmal kurz zum Zucker, der Köper will oder muss das Zeug wegbekommen und hat nur eine Möglichkeit, nämlich es als Fett in die Zellen zu drücken. Mahlzeit!

Wir brauchen Zucker, als Energielieferant, so viel ist klar, aber sehr wahrscheinlich in kleineren Dosen und nicht als reine Süße, halt angepasst an unser individuelles Dasein. Individualität ist Trumpf. Ich für meine Zwecke halte es so, dass ich keine raffinierten Zucker konsumiere. Das ist nicht ganz leicht, denn er ist manchem Dosenmais, den eingelegten Gürkchen, dem Ajvar, Süßigkeiten, Chips, Sojasauce, Eis, Sojajoghurt, vielen Fertigprodukten, den Backwaren, dem Essen im Restaurant etc. zugesetzt.

Ich bin immer mega überrascht, wo der überall reinkommt und deshalb auf der Zutatenliste zu entdecken ist. Der Sinn erschließt sich mir nicht immer, außer es schmeckt halt geil mit Süße, ist irgendwie wie bei Sahne, also Fett auch so, beides sind super Geschmacksträger. Zucker kommt in vielfältigen Formen, von unterschiedlichen Quellen und mit ganz vielen Bezeichnungen daher wie:

* Zucker
* Saccherose
* Maltodextrin
* Dextrose
* Glukose (-syrup)
* Fructose (-syrup)
* Maltose oder Malzextrakt
    - o Zuckeralternativen (künstliche. u. natürliche)
* etc. pp.

Das ist bisschen wie in einem Agententhriller, der unbekannte Mr. X (z.B. aus den Globi Kinder Büchern) will uns verwirren, damit wir nicht merken was gespielt wird. In jüngster Vergangenheit wird dem Zucker sogar ein ähnliches Suchtpotential wie Kokain nachgesagt. Statt normalem Zucker nehme ich Alternativen (es gibt genug), die die Bauchspeicheldrüse in Ruhe lassen, weniger Kalorien haben oder gesünder (besser verträglich) sein sollen. Am aller aller besten ist es aber und damit würden Sie super fahren, Speisen nicht zusätzlich süß zu machen und wer hat überhaupt den Nachtisch erfunden und warum sollte der immer mega ultra ungesund und süß daherkommen müssen. Warum nicht mal ein Stück Schokolade mit 100 Prozent Kakao genießen. Ansonsten gilt wieder das alte Lied: »Am besten ohne Etikett, auf die Inhaltsstoffe achten und nicht gleich einen ganzen Zuckerhut davon.«

15. GRUNDUMSATZ + KALORIEN ZÄHLEN

Angeblich werden wir Deutschen immer dicker und schätzungsweise nicht nur wir. Früher im Neandertal war Nahrung nicht so omnipräsent wie heute. Zumindest wir hier kennen Hunger oder das Gefühl, einen leeren Magen zu haben fast nur freiwillig (beim Fasten, beim Sport - der Hungerast, beim Abnehmen, beim Wandern wenn die Hütte zu hat etc.). Die Neandertaler dürften Vorratshaltung und frisches gemahlenes Mehl in unbegrenzten Mengen oder Sahneeis aus der Tiefkühltruhe oder einen Schokoriegel an der Tanke, eher nicht gekannt haben. Lacht!

Ich glaube die Neandertaler könnten den Hype um das Thema Ernährung nicht nachvollziehen. Die würden einfach sagen: »Wenn der Magen knurrt, dann gehen wir raus und suchen uns was.« Tütenessen und hoch verarbeitetes Zeug würden die niemals anrühren. »Das ist doch kein echtes Essen!?!«, würde es aus ihnen herausplatzen. Die ganzen Versprechen der Lebensmittelindustrie und auch sonst von Regierungen, Freunden, der Werbung oder den *Chefs* würde ich hinterfragen. Ist das so? Wem nützt es? Dem Aktienkurs, dem Umsatz, dem Cash-Flow, dem Vorstand (siehe Wirecard) und den Unternehmensgewinnen.

Entschuldigen Sie liebe Leserin und lieber Leser, wenn ich immer wieder das Neandertal bemühe. Aber ich habe halt einen Faible für die Urvölker, ich glaube wir können hier etwas lernen oder wiederfinden (unseren Halt, eine guten Anker im Lebensfluss, den Umgang mit der Natur usw.) denn ich glaube, dass deren Lebensstil mit unserem Körper besser korrespondierte wie der heutige Lifestyle. Nahrung ist sehr wichtig und es gibt mit Sicherheit auch technologischen Fortschritt beim Thema Ernährung, der sinnvoll ist. Ob die Neandertaler rauschende Feste feierten und sich regelmäßig überfressen haben, ist nicht überliefert. Was sie überhaupt gegessen haben schon. Das weiß man aufgrund von Funden um die Feuerstellen, die Lager und die Untersuchung von Knochen und Artefakten. Mit Sicherheit war Nahrung damals überlebenswichtig und nicht permanent präsent. Das heißt die haben auch mal einen gewissen Zeitraum gehungert. In der kalten Jahreszeit dürfte dies häufig der Fall gewesen sein? Was aßen die Damen und Herren damals im Paläolithikum (Meint die Epoche von vor 2,5 Mio. Jahren bis vor etwa 10 000 Jahren).

Viel viel Fleisch sollen sie *gefressen* haben und paar Pflanzen. Die Meinungen gehen hier auseinander manche glauben das unsere Freunde bis zu 100 Prozent tierisch unterwegs waren, andere gehen von 20 Prozent pflanzlicher Nahrung aus. Fakt ist, sie sind leider, trotz Biofleisch vom Mammut, ausgestorben, ob das an ihrer wenig abwechslungsreichen Kost lag ist nicht bekannt. Neandertaler waren eher klein im heutigen Maßstab und Jäger und Sammler. Sie wechselten ihre Behausungen und zogen so durch die Lande. Sie bewegten sich also viel. Im Neandertal in Mettmann gibt es das sehr sehenswerte Neanderthal-Museum (früher wurde auch das Neandertal mit h geschrieben).

Sinnvolle Ernährung hin, was ist schon ungesund her, schwarz oder weiß, wer will das entscheiden jeder von uns weiß was er sich antut und woher das Übergewicht kommt? Irgendwo sind wir alle schon ZEN-Mönche (wir müssen unsere Spiritualität nur wieder neue beleben). Zumindest bei den meisten, wie auch bei mir, kommen die Speckrollen, wegen einem zu viel an Treibstoff. *To much Junk food!* Wir bekommen die Energie heute ohne großen Kampf in unglaublichen Mengen bereitgestellt – ab und zu sogar geschenkt. Wir wissen auch oft überhaupt nicht mehr, wann wir aufhören sollten zu futtern, wobei auch die Verlockungen unglaublich sind, da können nur die Wenigsten Wiederstehen. Wie wollen Sie auch als einzelnes Individuum gegen eine Heerschar an Lebensmitteldesignern, Werbefachkräften, Chemikern, Psychologen und Verkaufstalenten bestehen. Einer meiner Lieblings-Werbeslogans war die Palmolive Werbung aus den 80er. Tilly die Spülmittelfachfrau erklärte dem staunenden Fernsehpublikum, dass Spülen mit dem grünen Palmolive, die Hände schön zart lässt und pflegt. Hautärzte hätten das bestätigt. Das waren noch Zeiten, da wurde noch Geschirr mit den Händen gespült. Wir machen das immer noch auf die althergebrachte Art, denn schmutzige Teller und so, also händisch abwaschen ist ein gutes Training zur Meditation. Alles was wir mit unseren Händen schaffen, kann eine spirituelle Erfahrung werden, wenn wir den richtigen Zugang finden. Das Geschirrspülen hilft enorm, um die eigene Mitte zu finden, also zu einem achtsameren Leben zu kommen. Dagegen ist der Kampf gegen die Verlockungen der Industrie nicht zu gewinnen. Ist übrigens mit vielen Dingen im Leben so. Die anderen sind in der Übermacht und nur das Wissen darum schützt Sie nicht. Hier hilft nach meinem Dafürhalten nur noch radikale Abstinenz (abschalten). Nicht ansehen, nicht lesen, nicht informieren, off. Der Strom muss versiegen. Lassen Sie den Mist nicht in ihr Gehirn, denn er macht dort was gruseliges. Er niestet sich ein, schaltet Synapsen und irgendwann sind Sie doch im Netz der Konsumspinnen gelandet. Ich selbst schaue ja kein TV und bei Werbung weg oder Ton aus, auch sonst lasse ich in meinen Tempel nur gutes (ich bemühe mich aktiv – ich bin ein Laie der stetig besser wird) und das ungesunde in homöopathischen Dosen. So viele Bekannte von mir, ziehen sich den ganzen Tag schlechte Nachrichten rein, plus schlechte Nahrung (doppel-plus), *istgleich* bad war of life und sind dann abends gefrustet und mit gedrückter Laune läuft es nicht so gut. Das Dasein wird dann zäh, wie schwarzer Teer und Sie können sich leicht daran sogar die *Griffel* verbrennen. Der Flow ist weg. Dann sinkt ihre Motivation und der Wille und schon benötigst du etwas um dich aufzuheitern. Ein Stück Schokolade, ein Schlückchen Wein oder Champagner? Mein Leben ist zum Großteil Fiktion, wie bei jedem, aber positive. Erinnert irgendwie an Kierkegaards große Schrift *Entweder-Oder*.

Es gibt viele Möglichkeiten seinen Status Quo zu definieren und zu beleuchten. Der BMI (Body-Mass-Index.) ist eine davon. Er setzt unsere Körpergröße in Relation zu unserem Gewicht und teilt uns mit, ob wir noch Idealgewicht haben oder nicht. Ab einem BMI von etwa 18 bis 25 sind Sie im Normbereich, sprich Normalgewicht, alles darunter oder darüber ist Untergewicht oder Übergewicht. Beim Über unterscheidet man noch verschiedene Adipositas Bereiche von I bis III, das wäre dann ein BMI von über 40. Sportler rutschen manchmal wegen ihrer Muskelmasse (ist schwerer als Fett) in einen ungünstigen BMI Level. So viel also dazu. Für viele ist der BMI das Mass aller Dinge. Ich sage sie wissen sehr wohl, ob Sie Übergewichtig sind oder nicht und ob es Sie stört oder nicht und ob es Sie krankmachen kann oder nicht. Zwei Drittel der Männer und etwa ein Drittel der Frauen sind übergewichtig. Es gibt Menschen, die brauchen nie Kalorien zählen, dazu gehöre ich und die meisten die ich kenne nicht.

Jedes Kilo belastet ihre Gelenke und Knochen um das Vierfache. Wenn Sie sich überlegen, dass wir mehrere tausend Schritte am Tag tun oder beim Wandern auch schon mal einige zehntausend erreichen, dann wird aus Übergewicht eine unglaubliche unnötige Belastung für ihren Knochenbau, die Gelenke, die Knorpel usw. abgesehen von weiteren schlechten Einflussfaktoren, die das zu viel an Fett hat. Warum ein Risiko eingehen? Wer abnehmen will, muss die Treibstoffzufuhr bremsen und auf ein normales Level bringen, dazu ist es nötig überhaupt zu wissen, wieviel unser Motor so am Tag verbraucht und braucht. Die Ernährungsfachleute sprechen hier vom Grundumsatz und der liegt bei mir so bei 2 000 Kalorien (das wären so zwei Tüten Chips à 200 Gramm). Diese

Angabe bezieht, sich auf das nichts tun, also wenn Sie den ganzen Tag chillen. Der Grundumsatz ist z.B. abhängig vom Geschlecht, Übergewicht (verbrauchen mehr Kalorien), wie definiert sie sind (Muskeln verbrauchen mehr Kalorien), wie trainiert sie sind (fitte Leute verbrauchen auch beim Chillen mehr kcal) und wie ihr Stoffwechsel funktioniert. Es soll ja welche geben, die den ganzen Tag futtern und trotzdem nicht zunehmen. Immer noch unfair!

Zum Grundumsatz braucht es noch den Leistungsumsatz. Beide addiert wären der Tages- oder Gesamtumsatz und daran sollten Sie sich halten. Leistung ist das was Sie machen, wenn sie nicht chillen, also die Arbeit. Der eine schuftet als Bauarbeiter und der andere im Büro. Es ist klar wer hier wohl mehr Kalorien umsetzt. Dank Internet finden sie sowohl Grundumsatzrechner wie auch Leistungsumsatz Rechner und noch vieles mehr. Die modernen Uhren (wearabels) sagen Ihnen ja auch schon vieles. Es wäre geschickt sich daran zu halten, zumindest die meiste Zeit. Jeden Tag 50 Kalorien zu viel sind in einem Jahr fast 19 000 Kalorien. Großartig finde ich auch die Ernährungstagebücher. Einfach mal schauen was euch im Kampf um die Pfunde und Eure Gesundheit anspringt und hilft. Eigentlich reichen diese Zeilen und euer Verstand. Wer aber tiefer einsteigen will, sollte sich nicht abhalten lassen. Was ist wichtiger als achtsam leben? Noch wichtig ist natürlich, Rückschläge einkalkulieren, nicht aufgeben, am Ball bleiben und ruhig bleiben. Ein- und Ausatmen, mit jedem einatmen werdet ihr neu geboren und alles auf Los gesetzt. Nicht zu viel *Kopp* machen. Euer Leben ist mehr als eure Hülle. Es gibt wichtigeres. Ich gebe zu, dass es schon doof ist, dass wir so viel leckeres Zeug haben und nicht gerade alles ohne Folgen in uns *hineinbuttern* dürfen. Aber das wäre auf Dauer auch langweilig. Selbst Globi im Schlaraffenland hatte schon bald keine Lust mehr und wollte wieder weg. Verzicht macht glücklich, ein Leben ohne Grenzen ist ungesund. Die eigene Begrenztheit zu akzeptieren ist wichtig und weise. Das gilt natürlich wieder über die Nahrung hinaus. Das wichtigste bleiben Sie locker, verlieren Sie den Humor nicht und glauben Sie an etwas höheres als ständiges Konsumieren.

In dieser ganzen Kalorienrechnerei haben Sie ein großes Plus in ihren Händen, ein Trumpf sozusagen und das ist der Externe Faktor. Sie können nämlich ihren Tagesumsatz dank Bewegung (Yoga, gehen, Gärtnern, Fußball, Fitnessstudio, Tanzen, Nordic-Walking, Mandalas malen, radeln, kochen, gärtnern usw.) in die Höhe treiben. Und Sie wissen wie gesund Sport sein kann und wie gut er ihnen hilft ihre Ziele - Normalgewicht (Wohlfühlmoment) zu erreichen. Lacht!

16. ALLES PALEO ODER WAS?

Wer keine Ahnung von gesunder Ernährung hat, der könnte doch zumindest mal im Sessel chillen und überlegen was das sein könnte? Mal ganz ohne die Wissenschaft zu foltern. Wie lange hat die Hominisation (Beschreibt den Zeitraum in dem wir uns so verändert haben, wie wir heute sind. z.B. aufrechter Gang.) des *modernen* Menschen gedauert. Wir bleiben unkonkret, aber es sind nur einige wenige Millionen Jahre, vom Schimpansen zu uns. Und nun die Gretchenfrage: »Seit wann gibt es unsere Volkskrankheiten?« Also allerhöchsten seit ein paar tausend Jahren. Es muss sich etwas verändert haben oder unsere Gene werden schlechter oder die Luft oder die Umgebung wird feindlicher? Auf der einen Seite dürfen wir immer älter werden und auf der anderen immer kränker bzw. rücksichtsloser. Lacht!

Ist es da nicht naheliegend liebe Leserin und lieber Leser, die Schuld an dem ganzen Übergewicht, den Rückenleiden, den Herzinfarkten, dem Krebs, den Lungenleiden, dem Zucker, der Demenz usw. unserer modernen Lebensweise zu geben? Ich finde ja, hier ist mal einfaches Schubladendenken erlaubt. Willkommen in der schwarz und weiß Welt von so vielen. Ganz so einfach ist es dann eventuell doch nicht, aber wir wollten es uns ja leicht machen. Es könnte schon sein, dass unser Körper, unsere Maschine, unser Gehirn, das komplette System sozusagen, mit den ganzen Veränderungen, ebenso wie die Welt und unser Leben, unsere Nahrung (manche Essen Pulver oder Astronauten Zeugs) einfach nicht mitkommt. Es braucht halt noch paar Millionen Jahre bis es soweit ist und die Leber auch noch die schlimmsten Umweltsünden filtert. Leider haben die meisten von uns diese Zeitspanne nicht und wollen auch nicht das Risiko eingehen, vorzeitig auschecken zu müssen. Das sehe ich genauso und deshalb lohnt ein Blick zurück zu den Neandertalern und die Überlegung ob einfache natürlichere Lebensmittel ohne Zusätze, ohne Zustatzhilfsstoffe, die wenig oder gar nicht verarbeitet wurden, nicht am gesündesten sind? Hier kommt jetzt die Paleo (Paläolithikum meint die Steinzeit) Ernährung und meint iss oder besser friss wie ein Neandertaler. Lacht!

Paleo bedeutet aber nicht einfach nur, das zu essen was die Mädels und Jungs in der Steinzeit verschlungen haben, sondern auch sich zu Bewegen und ich würde sogar noch weiter gehen, schaffe deinen ganzen Kram ab (werde wieder Jäger und Sammler) und hause in einer Höhle. So, das war jetzt nicht ganz mein Ernst, aber dennoch, gehört das für mich dazu, reduziere deinen Lebensstil so weit bis du Fred Feuerstein bist. Wir könnten auch behaupten Paleo ist so eine Art Minimalismus, nur dass das Futtern miteingeschlossen ist. Also nix mit Proteinshake, stattdessen raus und Beeren sammeln und ein Reh erlegen. Also des Pudels Kern ist bei der Steinzeiternährung immer, was haben die gegessen. Getreide schon mal nicht schätze ich (Wildgetreide?) und auch keine Süßigkeiten und auch keine Milchprodukte und natürlich Bio, damals wurde noch nicht gespritzt. Brot geht auch nicht und auch kein Käse. Also Mehl meide ich eh, bei Getreide könnte ich mir vorstellen, dass die schlauen *Steinzeitler* oder die Neandertaler schon mal so ein Körnchen geknabbert haben. Nicht unerwähnt lassen möchte ich, dass es auch Kritiker der Paleo Ernährung gibt. Einen Artikel dazu finden Sie wie immer im Anhang. Nach meinem bescheidenen Dafürhalten gibt es viel zu viele Ernährungsstile, Diäten, Richtlinien, gute und schlechte Ratschläge, unnötige Lebensmittel, sinnfreie Ergänzungsprodukte Puderchen und Pülverchen und Personen die daran glauben und meinen das läuft. Ich weiß es natürlich auch nicht genau (bin ja kein Ernährungsberater) und musste meine Glaskugel beim Verlassen der Kripo abgeben und bin nur ein Laie (immer noch), aber ich habe meinen gesunden Menschenverstand noch nicht an den *Hahn* verscherbelt und so scheint mir klar, dass eine ausgewogene Ernährung, der richtige, vernünftige, aber nicht absolutistische Weg ist. Basta! Und immer an die Steinzeit denken.

17. QUÄLFLEISCH – AUA

Über industrielle Massentierhaltung haben wir schon einiges gehört liebe Leserin und lieber Leser. Wieso halten wir tausende von Hühnern in engen Ställen, pumpen sie voll mit Zusatzstoffen und Medikamenten und nennen das dann Lebensmittel (wissen Sie was ein Chlorhühnchen ist?) oder schlachten Schweine im Akkord, Lebensmittel sollten Mittel zum Leben sein, die unser Leben erhalten, es fördern und unserem System helfen. Glauben Sie wirklich, dass ein Produkt, das über seinen gesamten Zyklus nicht gut behandelt wurde – das schlecht gehalten, nicht vernünftig gefüttert, das Stresshormone aufbaut, dem niemand mal über den Rücken streichelt und am Ende Todesängste durchlebt ein Ding wird, dass Sie liebe Leserin und lieber Leser gesund hält. Kann man aus Müll und Abfall Gold machen. Das probierten die Alchemisten tausende Jahre lang. Es klappte nicht, nur Porzellan wurde so zufällig entdeckt glaube ich.

Tiere, unsere Hunde, Katzen, Hasen, Meerschweinchen, Kanarienvögel, Mäuse, Ratten oder Affen sind doch keine Weizenkörner oder Zuckerrüben, das sind Lebewesen wie wir, zumindest müssen sie ein Dasein in **Würde** bekommen. Warum züchten wir nicht Hunde und essen diese?

Warum essen manche kein Schwein oder ihnen ist die Kuh heilig? Was verarbeiten Pferdemetzger? Das Schwein ist um einiges intelligenter wie der Vierbeiner behaupten manche, besitzt eine große Persönlichkeit und weiß sehr wohl was mit ihm passiert. Ein würdevoller Umgang mit ihnen, ist ein Recht, das zwar noch nicht in unserer Verfassung steht, aber im Tierschutzgesetzt findet sich der Hinweis. Die entsprechende Norm ist hier u.a. §1 TschG (Stand 2020)

»Zweck dieses Gesetzes ist es, aus der Verantwortung des Menschen für das Tier als Mitgeschöpf dessen Leben und Wohlbefinden zu schützen. Niemand darf einem Tier ohne vernünftigen Grund Schmerzen, Leiden oder Schäden zufügen.«

Sie sollten Sich das Tierschutzgesetz, klingt so nett, ein Regelwerk zum Schutz der Tiere, mal durchlesen? Um Gefahrenabwehr geht es hier nicht, eher andersrum. Allein die erlaubten Praktiken klingen wie *das Horror Kabinett des Dr. Caligari* (Horror Film aus den 1920er). Hier beispielhaft ein Auszug aus §5, Abs. (3 TschG):

[(3) Eine Betäubung ist ferner nicht erforderlich

*1. für das Kastrieren (*Es werden nach meine Erk. Eierstöcke oder Hoden entfernt.*) von unter vier Wochen alten männlichen Rindern, Schafen und Ziegen, sofern kein von der normalen anatomischen Beschaffenheit abweichender Befund vorliegt,*
1a.
(weggefallen)

2. für das Enthornen oder das Verhindern des Hornwachstums bei unter sechs Wochen alten Rindern,

3. für das Kürzen des Schwanzes von unter vier Tage alten Ferkeln sowie von unter acht Tage alten Lämmern,

4. für das Kürzen des Schwanzes von unter acht Tage alten Lämmern mittels elastischer Ringe,

5. für das Abschleifen der Eckzähne von unter acht Tage alten Ferkeln, sofern dies zum Schutz des Muttertieres oder der Wurfgeschwister unerlässlich ist, ...]

6. für das Absetzen des krallentragenden letzten Zehengliedes bei Masthahnenküken, die als

Zuchthähne Verwendung finden sollen, während des ersten Lebenstages,

Das macht, dann auch nicht der nette Tierarzt um die Ecke, sondern, das läuft unter Umständen industriell ab. Einzelheiten klingen so barbarisch, gemein und gefühllos, dass ich hierüber nicht schreiben will. Ihr armen Mitarbeiter – ihr habt mein Mitleid. Wir alle kennen, wissen oder ahnen doch die Umstände wie die Geschöpfe Gottes gehalten werden. Leiden wir an Selbstbetrug?

Dann möchte ich Sie liebe Leserin und lieber Leser bitte nochmal auf die Doku *Dominion* auf YouTube hinweisen. Wenn Sie diese Bilder ohne dass ihr Herz schreit ansehen können, dann sind Sie wohl ein Löwe. Sehr wohl hat manch ein Tier in der modernen Haltung Schmerzen, es wird ihm Leid zugefügt und es hat Todesängste. Die Todesangst ist die schlimmste Angst, die ein Lebewesen auf Erden haben kann. Das ist meine Meinung und gerne dürfen Sie eine andere haben. Aber ich erwähnte ja schon, dass ich aus ethischen Gründen keine Tiere esse und ein Laie bin. Aus gesundheitlichen Gründen würde ich sie aber erst recht nicht vertilgen. Mein Selbsterhaltungstrieb würde das nicht zu lassen. Ich weiß natürlich, dass es Bio-Fleisch gibt und dass es Kleinbauernhöfe gibt und auch Artgerechte Haltung, ohne Spaltenböden, ausreichend Wiese und Sonnenlicht. Wo die Kuh auch mal geschmust wird und zum Abschied einen Kuss bekommt und Tränen kullern. Gibt es auch Bio-Schlachtung, Medikamenten Verbote, keine Zusätze in Futtermitteln, kein Stress beim Töten und keine Todesangst? Das unmögliche ist möglich, immer, man muss nur danach suchen. Ist wie mit dem Lebenspartner. Lacht!

Zum Schluss bleibt hier nur der moralische Zeigefinger. Dürfen wir das heutzutage noch, sollten wir das noch so machen oder können wir das besser? Der Eskimo hat keine Möglichkeiten, wir hier schon, die Supermarktregale sind voll von mega tollen, gesunden Produkten. Fleisch essen nur wegen dem Geschmack? Ist irgendwie wie mit Zucker. Viele behaupten sie wären süchtig nach Fleisch. Tatsächlich sagt die WHO übermäßiger Fleischkonsum macht krank und die DGE (Deutsche Gesellschaft für Ernährung) erklärt, wir essen zu viel davon. Tatsächlich lag der Fleischverzehr bei 60 Kilogramm pro Person. Die Karls Universität kommt zu dem Ergebnis, dass *Veggies* und *Veganies* besser riechen und die University of New York ist der Meinung, dass sich bei den Pflanzenfressern die Darmflora verbessert und der Darm ist unser größtes und für das Wohlbefinden ein sehr wichtiges Ding.

Wir haben jetzt schon erkannt wie unser Fleisch und natürlich auch die Milch hergestellt werden. Keine schönen Bedingungen. Herr Schweisfurth, der Mann der Herta Wurstwaren aufbaute, sagte zur industriellen Massenproduktion von Tieren, Fleischprodukten und Wurst sinngemäß: »Die Schnauze voll«. Er verkaufte seine ganze Firma und ist jetzt ein zumindest in Teilen vorbildhafter Ökolandwirt. Hier ein Auszug aus einem Interview das er der taz gegeben hatte.

[zeo2: Herr Schweisfurth: »Stellen Sie sich vor, ich biete ihnen eine Stulle mit Feiner Edelsalami von Herta, über Erlenholz herzhaft geräuchert. Beißen Sie zu?«

Karl-Ludwig Schweisfurth: «Nein, ich habe mir selbst ein Versprechen gegeben: Ich esse kein Fleisch mehr, keine Wurst, keinen Schinken und kein Ei, wenn ich nicht genau weiß, wo es herkommt. Ich bin Vegetarier, wenn ich nicht zuhause bin.«]

Der Mann ist Insider und wird wohl wissen warum? Im Internet finden sich Interessante Dokus über seine Entscheidung Öko zu werden. Lassen Sie uns nochmal ganz genau hinsehen – mit dem Brennglas. Wie heute viele Lebensmittel produziert werden ist nicht okay. Ständig erschüttern irgendwelche Lebensmittelskandale die Welt. Ich möchte an einige kurz erinnern. Gammelfleisch im Döner, Mäusekot in Backwaren, Pferdefleisch in Fertiggerichten, gepantschtes Olivenöl, Fipronil in Eiern, Salmonellen in Eiern (Bayern), EHEC in Sprossen (mehrere Tote), Dioxin in Futtermittel (Schleswig-Holstein), Umverpackung von Fleisch, Antibiotika Skandal (Ärzte sollen illegale Antibiotika, Hormone und Impfstoffe vertrieben haben) und BSE im Fleisch (einige Menschen sterben). Das waren nur einige der Highlights der letzten Jahre. Im Anhang können Sie die ausführlichen Artikel dazu finden. Wir wollen einmal den Neandertaler befragen, wie das in dem Buch *Per Anhalter durch die Galaxis* gemacht wurde, um die Mutter aller Antworten zu stellen. Aber wir wollen was anderes wissen.

Autor: *»Liebe Neandertalerin würdest du solches Fleisch, solche Lebensmittel freiwillig konsumieren?«*

Neandertalerin: *»Warum sollte ich so ein Risiko eingehen? Ich bin doch nicht blöd. Mammut jagen ist schon gefährlich genug, da hals ich mir doch nicht freiwillig, weitere Probleme auf.«*

Abschließend noch mal ein Blick auf das Endprodukt. Ich bin ja der Ansicht, bei solchen Abläufen kann nichts Gescheites rauskommen. Unser Fleisch wird nicht regelmäßig genug kontrolliert (nach meiner Meinung), wie auch der Rest der Nahrung. Das wäre auch gar nicht möglich. Greenpeace meint, dass im Geflügel immer wieder Antibiotika gefunden werden, liegt an der Massentierhaltung. Der BUND (Bund für Umwelt und Naturschutz) erklärt, dass Muttersauen ein hormonell wirksames Medikament erhalten, um den Sexualtrieb zu steuern. Sie würden so mehr gebären. Fleisch aus Hormonzucht muss nicht speziell gekennzeichnet sein? Bei BIO Fleisch wäre diese Praxis verboten. Mit der Gülle landet vieles davon auf den Feldern, in den Flüssen und im Wasser, welches für die Trinkwasser Produktion vorgesehen ist?

In einer Kohortenstudie der Uni Harvard untersuchte der Wissenschaftler Prof. Walter C. Willett mit seinem Team über 100 000 Personen. Es ging um den Vergleich zwischen tierischer und pflanzlicher Ernährung. Die Sterblichkeit bei den Omnivoren lag signifikant höher. Die Studie erntet auch Kritik, das will ich hier nicht verheimlichen. Möglicherweise ist der Konsum von tierischen Produkten nicht ungesund, sondern es ist die Art, damit meine ich der Spaziergang in der Natur ist gesund, aber nicht am Krater des Ätnas (aktiver Vulkan in Italien) oder auf einem nur mäßig zugefrorenen See oder durch die Lackierstraße bei VW ohne Atemschutz. Der Fleischkonsum hat ja leider noch weitere schlechte Auswirkungen auf die Erde, er heizt die Klimaerwärmung an, verbraucht viele Ressourcen, nimmt zu viel Land in Anspruch, es wird der Regenwald zur Soja Gewinnung abgeholzt und es kommt zum Ausbruch schlimmer Krankheiten. Es gibt viele gute Gründe den eigenen Fleischkonsum zu überdenken und neu zu bewerten. Der Erde, den zukünftigen Generationen, unseren Kindern und ihrem Tempel wäre schon mal damit gedient, die Mengen zu reduzieren. Sehr empfehlenswert ist die Homepage von Dr. Med. Heinrich und seiner Stiftung. Hier findet man kompakte gute Antworten zum Thema vegane Ernährung und Lebensweise. Auf der Seite pro vegan, finden Sie viele Studien verlinkt. Dr. Heinrich ist der Meinung, dass Veganer emphatischere Menschen sind. Er ist sogar der Meinung, dass es eine Sache der Intelligenz sei. Das kann ich nur bestätigen, solange sie es aus ethischen Gründen sind.

Wenn sie ein Löwe sind, dann müssen Sie natürlich weiter Fleisch essen, ich bin ja eher ein Reh und bleibe bei Blättern, und Glücksklee.

18. DGE + RATSCHLÄGE

Unsere DGE ist ein *unfähiger* Verein, der den Zweck verfolgt über Lebensmittel und deren Auswirkungen auf uns zu informieren und aufzuklären? Wer kennt nicht die überalterte Ernährungspyramide oder fünf am Tag, daran halte ich mich nicht. Ich kann es ja gar nicht beim Intervall Fasten. Also bleibt mir nur der Blick ins Neandertal und mein gesunder Menschenverstand. Das Wort *unfähig* in der Einleitung mag ihnen schätzungsweise aufgestoßen sein, das machte die Worterkennung. Tatsächlich wollte ich schreiben, die DGE ist ein *unabhängiger* Verein. Sie ist als gemeinnützig anerkannt. Die gute alte Ernährungspyramide ist mittlerweile dreidimensional geworden, das heißt es gibt mehrere Seiten. Ich würde gerne mit ihnen liebe Leserin und lieber Leser, die Bildchen mal betrachten und bemerken was mir auffällt (ein Link zur DGE und ihrer Pyramide lauert am Ende des Buches).

Eine Seite des Dreieckes trägt den Namen *Pflanzliche Lebensmittel.* Im unteren Bereich, sozusagen im grünen Bereich finden sich Obst und Gemüse, dann geht es höher die Farbe wird gelber (wie bei einer Ampel) da kommen nun Brot, Kartoffeln, dann etwas das aussieht wie Hafer. Die DGE empfiehlt alles als Vollkornvariante zu sich zu nehmen. Bei Reis wäre ich hier vorsichtig. Es ist das einzige Produkt, das ich weiß futtere. Im Vollkornreis findet sich glaube ich viel Arsen, das die Pflanze aus der Erdkruste über die Wurzeln aufnimmt. Ich wähle immer eine Kombi aus rotem, schwarzem (ist streng genommen keiner, macht aber nichts) und Basmati oder Jasmin Reis. Was mich überrascht auf diesem Bild der Ernährungspyramide finden sich Pommes, Chips, Schokolade, Kuchen usw. Ich würde diese Produkte hier nicht erwähnen, nicht in die Ernährungspyramide stellen und eine separate Pyramide machen, wie eine Bad Bank, eine die zeigt was dich ins Grab bringen kann, ähnlich wie bei den Zigaretten. Richtigerweise steht an der Seite noch, dass Lebensmittel mit wenig Kalorien, vielen Vitaminen und Ballaststoffen empfohlen werden.

Gehen wir zu nächster Seite, der Pyramide. Hier dreht sich alles um *tierische Lebensmittel.* Ganz unten steht Fisch und fettarmes Fleisch. Fisch kann heute sehr belastet sein. Das Stichwort hier sind Schwermetalle. Ganz oben an der Spitze sind die Eier, der Speck und eine Salami. Irgendwo zwischen grün und gelb, war die Milch und Milchprodukte. Hier empfiehlt die DGE wenig Fett (Ausnahme fetter Fisch), dann eine gute Fettqualität (Omega 3 Fettsäuren im Fisch) und tierischen Lebensmitteln die viele Nährstoffe (Calcium und Eisen) liefern. Konkrete Beispiele gibt sie hier nach meinem Dafürhalten nicht (nur Bildchen). Weiter wird ausgeführt, nur ein bis zweimal die Woche Fisch, nur wenig Fleisch und dann am besten *Weißes* zu konsumieren. Gehen wir zum nächsten Dreieck, den Ölen und Fetten. Hier findet sich ganz unten bei Grün, Rapsöl und Walnussöl. Peng das war´s, gibt wohl nichts Gutes mehr. Lacht! Im leicht gelben Bereich kommt dann Weizenkeim-, Soja- und Olivenöl. Hieß es nicht mal die mediterrane Küche wäre so gesund? Dort gibt es weniger Koronare Erkrankungen? Die Deutsche Herzstiftung meint dagegen Olivenöl sei gut für das Herz. Die Griechen brauchen 14 Liter pro Jahr und Kopf und die Italiener immerhin noch 10. Eine italienische Studie kommt zu dem Ergebnis, dass sogar bei schon vorliegenden Herzproblemen eine sog. Mittelmeerdiät, das Leben verlängert. Auch eine Metaanalyse sei zu dem Ergebnis gekommen das Vegetarier und Veganer ein geringes Risiko für Krebs oder bestimmte Herzerkrankungen hätten. Ich hoffe das stimmt so alles. Lacht!

Oben am Peak, findet sich Butter und Schmalz, das verwundert mich, wo doch so viel Werbung mit der guten Butter gemacht wird. Butter ist wirklich ein super Geschmacksträger und Aromenentfalter. Wir Deutschen gönnen uns 5 Kilo pro Jahr und Kopf. Alle empfehlen Butter, sie enthält viele gesunde Fette und Elemente, es scheint sogar positive Auswirkungen zu geben? Sobald man krank ist, wird dann von Butter abgeraten? Machen Sie sich ihr eigenes *Foto*. Manches ist auch einfach Veranlagung oder Pech. Denken Sie an den Flugzeugabsturz oder meinen letzten Radunfall. Jetzt bei den eisigen Temperaturen und dem vielen Schnee, bin ich als Radler direkt vor einem Discounter auf einem Stück Glatteis ausgerutscht. Ich machte einen richtig schönen Flug. Die Straße war etwas abschüssig und einige dieser hässlichen grünen, braunen und weißen Glassammelcontainer bremsten meinen Sturz. Die Leute glotzten, keiner kam zu Hilfe und ich hatte Glück, nur das linke Schienbein hatte eine leichte blutende Verletzung davongetragen und meine schöne blaue Winterjacke war am Ärmel von den Glasscherben, die immer um diese Behälter verteilt liegen aufgerissen. Sie sehen Fortuna brauchen wir auch im Leben. Aber warum ein Risiko eingehen? Kleines finde ich okay, großes würde ich mir gut überlegen, denn das ist dann wie russisches Roulette und irgendwann ist Schluss und es macht *Peng*.

Naja, wir waren bei den Ölen und Fetten und da war die Empfehlung der DGE recht dünn. Laut Wissenschaft sollte das Verhältnis von Omega 3 zu 6, idealerweise 1 zu 1 betragen. Ich selbst nutze zu Hause Leinöl das fantastisch schmeckt, Kürbiskernöl (ist bei mir oft auch Brotaufstrich), Rapsöl, Weizenkeimöl und als Veganer noch ein pflanzliches Öl, dem DHA (mehrfach ungesättigte Omega 3 Fettsäuren aus der Alge, die sonst nur in tierischen Lebensmitteln in ausreichender Menge vorkommen.) und EPA (ähnlich DHA) zu gesetzt ist. Aktuell geht die Wissenschaft davon aus, dass wir insbesondere drei Omega Fettsäuren besonders brauchen. Das sind dann die schon erwähnten DHA, EPA und ALA. Die letztgenannte findet sich u.a. in Leinsamen, Walnüssen und Rapsöl. Die anderen beiden finden sich in bestimmten fetten Fischen oder Mikroalgen. Angeblich nehmen wir heutzutage mehr Omega 6 Fettsäuren auf wie nötig und das soll ungesund sein.

Jetzt bleibt nur noch eine Seite und das sind die *Getränke*. Es wird hier empfohlen rund 1,5 Liter am Tag zu trinken. Die Flüssigkeiten der Wahl sind Wasser und Tee, Kaffee ist schon gelb und braune Zuckerlimo rot. Warum sind manche Dinge überhaupt aufgeführt? Das erweckt, den Anschein, wie wenn das Trinken von Zuckerlimo zwar nicht okay, aber immerhin akzeptabel sei, oder?

Beim Klettern habe ich immer etwas Cola dabei, falls ich mal schlapp mache, was bisher nur einmal passierte und so trinke ich die Coke immer auf dem Gipfel und das hilft beim Abstieg. Der Vorteil, ich bekomme jede Menge Zucker, also Energie, dann noch flüssig und Koffein. Aber mal ehrlich ansonsten ist in vielen Lifestyle Getränkedosen nichts drin außer viel zu viel Zucker oder so? Auf manchen findet sich ein Warnhinweis erst ab 16 Jahren. Was soll das? Da müssten Bilder drauf wie auf den Kippenschachteln, als Bsp. Schlage ich vor Menschen mit schlechten Zähnen, dicke oder fehlende Gliedmaßen (eine Gefahr bei Zuckerkrankheit). Das Problem mit uns *Homines* ist, dass wir uns die Zukunft, unser Handeln und seine Auswirkungen nur sehr schlecht vorstellen können und dass wir uns nicht informieren und als Verbraucher zu naiv sind.

Die Empfehlungen der DGE sehen sich viel Kritik ausgesetzt. Ich würde sagen, dass dieser Verein einen guten Job macht und will hier nichts unterstellen. Sehe aber Verbesserungs-Potential. Zum Beispiel eindeutige Hinweise auf Lebensmitteln, welche dem Körper und unserer filigranen Maschine nichts bringen. Wie Luftgitarre spielen sind viele Lebensmittel, sie hören nichts und die bringen auch keine Bereicherung, sie können sogar noch schädigen.

Warum wird die DGE angeprangert? Im Ärzteblatt findet sich ein Artikel in dem kritisiert wird, dass die Empfehlungen nur für gesunde Menschen gemacht sind. Außerdem werden die Kohlenhydratempfehlungen und die Angaben zum Fettkonsum moniert und auf die positiven Empfehlungen der Mediterranen Küche bzw. Diät hingewiesen. Mittlerweile sollen die DGE Regeln überarbeitet worden sein stehen aber wohl weiterhin in der Kritik. Ich denke die DGE hat es schwer, denn sie will die Ernährungspyramide für möglichst viele Mitbürger angewandt wissen und das ist bei so vielen individuellen Krankheiten und Konstitutionen schwierig. Da sind wir wieder bei einem meiner Lieblings-Mantras. *Sie selbst sind der beste Ernährungsratgeber für sich und auch der fähigste Arzt.* Dazu brauchen Sie aber liebe Leserin und lieber Leser Info, sprich Ernährungsbildung und Glück.

Ökotest fragt, warum empfiehlt die DGE noch Fleisch, Fisch und Milchprodukte, wo das doch das Klima und die Umwelt schädigt? Der Artikel ist verlinkt. Tatsache ist, dass die DGE in der Kritik steht und es meines Erachtens aber auch nicht leicht hat. Schätzungsweise ist ihre Aufgabe wie die Quadratur des Kreises. Woher kommt eigentlich die Ernährungspyramide, wer hat sich das ausgedacht? In den fünfziger Jahren sah das bei der DGE noch anders aus. Das Model war eher zweidimensional. Alles wandelt sich permanent und so wandeln sich auch die Empfehlungen. Es ist übrigens auch interessant über den Tellerrand zu schauen und als Beispiel die Pendants der DGE in der Schweiz SGE oder Osterreich (Bundesministerium für Gesundheit). Die Empfehlungen weichen in Teilen ab. Anfang des Millenniums veröffentlichte die Harvard University eine mehrjährige Studie mit über 100 000 Teilnehmern. Hier werden die modernen Volkskrankheiten der modernen Ernährung in die Schuhe geschoben. Fett sei ungesund wird korrigiert und zu viele Kohlenhydrate und dann auch noch nicht Vollkorn können ungesund sein. Sehr interessant ist in diesem Zusammenhang die healthy eating pyramide der USA. Beachtenswert finde ich die Empfehlung süße Obstsorten und wertlose Kalorien nicht einzunehmen. Hier kommt noch eine Buchempfehlung zur Vertiefung. *Krebszellen lieben Zucker, Patienten brauchen Fett*, von Prof. Ulrike Kämmerer, Dr. Christina Schlatterer und Dr. Gerd Knoll. Es stellt sich die Frage warum, die ganzen propagierten Ernährungsmodelle in der Praxis nicht funktionieren? Ich glaube noch nicht mal, dass es an den Modellen bzw. Ratschlägen liegt, sondern an externen Faktoren, denn die aktuellen 10 Regeln der DGE klingen vernünftig, wahrscheinlich kennen sie aber nur ganz wenige und noch weniger können sie interpretieren. Lebensmittel sollten mit Warnhinweisen und richtig deutlich gekennzeichnet sein, *Hot* oder *Schrott*.

Lassen Sie uns nochmal kurz auf die unabhängige DGE kommen. Ohne Geld läuft auch bei einem Verein nichts. 70 Prozent der Mittel kommen von Bund und Ländern und die restlichen 30 Prozent von eigenen Einnahmen. Sie könnten der DGE etwas zu kommen lassen, eine Spende. Die DGE vergibt jährlich einen Journalisten Preis für Ernährungsaufklärung in Publikumsmedien. Darüber hinaus vergibt Sie noch zwei weitere Preise und hegt gegen Vegane Ernährung bedenken, das tun aber viele und die Zukunft wird zeigen, ob es richtig oder falsch war. Wird die DGE Pyramide, solange halten wie die Ägyptischen?

Laut eigenen Angaben sollen in der DGE viele Vertreter (Beiräte) u.a. aus den Fleisch, Milch und Wurstverbänden sitzen. Sie wird deshalb auch als Lobbyverein bezeichnet. Ich als Laie kann das nicht beurteilen. Entsprechende Artikel habe ich ihnen in die Quellen gestellt. Hier können Sie sich selbst eine Meinung bilden.

19. FERMENTIEREN

Fermentieren ist nichts anderes wie das Haltbarmachen von Nahrung und dabei entsteht ein wahres Wunderfood – also im Sinne von *was geht da ab*? Liebe Leserin und lieber Leser, so weit so gut, aber es ist natürlich noch viel viel spannender. Aber zuerst müssen wir wieder ins Neandertal. Das Tal und die Gegend dort sind sehr hügelig, mit viel abwechslungsreichem Wald und wildromantischen Orten. Wenn man durch das Neandertal Museum (hier hatte ich doch glatt das h vergessen) geht, dann kann man sich richtig vorstellen, wie die da draußen rumgelaufen, gelebt und gehaust haben. Natürlich hätten die gerne einen Kühlschrank gehabt oder Vorratsdosen. Die Jäger und Sammler haben wohl noch keine großen Speicher angelegt. Erst die Vorratshaltung und die bessere Nutzung von Nahrungsquellen machte die Erfolgsgeschichte *vernunftbegabter* Mensch so wirksam. Wir alle wissen irgendwann kamen die Leute darauf Lebensmittel haltbar zu machen. Das erlaubte in schlechteren Zeiten noch etwas zu haben oder im Winter mehr Auswahl. Welche Nahrung kennen Sie denn die durch einen natürlichen Prozess haltbar gemacht wird?

Knäckebrot ist sehr lange genießbar, weil es ganz trocken ausgebacken wurde und nur als Beispiel: Roggen, Wasser und Salz enthält. Dann Nudeln, viele bestehen auch nur aus Mehl, Wasser und Salz oder getrocknete Früchte, hier ist der Zucker ausschlaggebend (wie bei Marmelade) oder getrocknete Tomaten, hier wird oft viel Salz zugesetzt. Dann gibt es noch solche Sachen wie getrockneten Fisch oder Fleisch. Vieles wird auch noch durch Hitze erreicht. Meine Oma *weckte* früher ein. Damit ist das haltbar machen von Obst und Gemüse, mittels Wärme, gemeint. Hauptsächlich gab es bei uns Kirschen, Mirabellen, Gurken, Kürbis. Außerdem wurde noch eingekocht (Quittengelee) und Marmeladen gab es oft so viel in Gläsern, dass der Winter nicht reichte sie aufzubrauchen. Beeren, Kirsch und Zwetschgen Mus waren meine Lieblinge. Am besten eine Linzer Torte mit einem großen Glas Zwetschgenmarmelade (Latwerge). Da fühlte ich mich wie im Schlaraffenland. Meine Oma stellte den fertigen Linzer Kuchen immer noch für eine Woche unter das Bett, dick eingewickelt in Alufolie, damit die Aromen schön durchziehen konnten. Irgendwo in einer Ecke des Kellers, in den ich übrigens nicht gerne ging, denn es hatte dort große Mäuse, stand ein Tongefäß und darin blubberte es. Das Gemäuer war schön feucht und es roch muffig, überall hingen dicke grauschwarze Spinnennetze herum. In dem Gefäß war Weißkohl und der *vergärte* dort zu Sauerkraut und da wären wir jetzt bei der Fermentation. Eine der ältesten und natürlichsten Formen Nahrung zu konservieren. Das Beste ist, es ist noch die einfachste Art, Sie brauchen keine Energie verschwenden, das Eingemachte sieht nicht so farblos aus, die Nährstoffe bleiben erhalten, die Farben explodieren, das Zeug ist richtig lange haltbar und es ist mega einfach, saulecker und funktioniert in tausenden von Kombinationen, denn es muss nicht immer nur Sauerkraut sein. Ich persönlich mag im Moment am liebsten Kimchi (koreanisches Gemüse) oder Habaneros (daraus mache ich eine scharfe Chilipaste).

Warum erwähne ich das hier? Ich finde für einen Veganer, Vegetarier oder jemanden wie Sie, der sich gesund ernähren will, ist das ein tolle Ergänzung, um noch mehr wertvolle Stoffe für die Maschine zu bekommen. Was passiert da aber mit dem Gemüse beim Fermentieren?

Das ist so einfach erklärt, wie der Aufwand es herzustellen. Durch Zugabe von Salz, wird der Zucker im Gemüse (die KH) in Milchsäure umgewandelt und das vollautomatisch und es gelingt fast immer und ihr braucht nicht so sorgfältig zu sein wie beim Einkochen, weil der Vorgang an und für sich wie bei der Autophagie den Müll, also die Stoffe, die das Gemüse gammelig machen würden *killt*. Das Internet ist voll von coolen Anleitungen mit Bildern und Videos. Viele empfehlen eine spezielle Ausrüstung, wie Gläser, das mache ich nicht als Minimalist. Ich verwende die Sachen die ich habe oder finde oder tausche. Ich kaufe ab und zu so eingelegte Gurken, da ist dann schon ein Einmachglas dabei und das wird dann benutzt. Aktuell habe ich ein Kimchi aus Wirsing, Karotten, Fenchel, Knoblauch und Gewürzen angesetzt. Beim Fermentieren gibt es nur eine Regel, die ihr beachten solltet. Hier geht es mal nicht ohne genaue Zahlen ab, dafür dürft ihr aber bei den Zutaten *reinkloppen (experimentieren)*. Man rechnet pro 100 Gramm Zutaten (z.B. Gemüse) mit zwei Prozent Salz. Also auf unsere 100 Gramm, dann zwei Gramm Salz oder auf 300 Gramm, sechs oder auf 1 kg 20 Gramm, fertig, das war´s! Bei Salzlake sind es dann analog auf einen Liter Wasser, 20 Gramm Salz. Anfangen!

Bei den verwendeten Gläsern ist es wichtig, dass die entstehenden Gase entweichen können, ansonsten könnte es auch mal bei zu viel Druck platzen. Übrigens wird Bier, Alkohol, Brottrunk (I love this shit) Seitan, Tofu, Schinken, Joghurt, Tee, Brot auch fermentiert. In manchen Fällen wie beim Brot muss man nachhelfen. Bei Gemüse ist es so, dass alles was es braucht bereits auf der Oberfläche vorhanden ist. Denken wir mal an Weintrauben, und Nebeltau oder Edelfäule oder die Hefen die natürlich im Weinberg vorkommen. Das sind *Edelpilze* die den Wein positiv verändern und später helfen die Maische zu vergären. Bei der Fermentation machen also gute Bakterien und Pilze aus unserem Gemüse eine wahre Wunderwaffe. Gut wäre es den so fermentierten Kram als Rohkost zu essen, denn so bleibt das meiste erhalten. Ich probiere mir jeden Tag auf meine warme Mahlzeit oder den Salat etwas Kimchi, als topping, zu machen und esse immer eine Gabel gleich zum Probieren. Milchsaure Lebensmittel sollen den Darm reinigen, vor vielen Krankheiten schützen, dem Mikrobiom Darm helfen, es entstehen Enzyme, Präbiotika, Vitamin C, andere Vitamine bleiben erhalten, neue Geschmacksstoffe entstehen, das Gemüse ist leichter verdaulich und es bildet sich natürliches Vitamin B12 (dazu gibt es unterschiedliche Meinungen). Fermentieren macht Spaß und so ein Glas hält bei mir schon mal einige Wochen und dann probiere ich eine neue Mischung aus.

Beim Fermentieren können Sie mit Salzlake arbeiten, zum Bsp. wenn die Früchte ganz bleiben sollen wie bei Tomaten. Ich schneide immer alle Zutaten recht klein, dann gebe ich Salz dazu. Jetzt wird geknetet und gewalkt bis die Fasern brechen und der Saft austritt. Irgendwann eine kurze Pause machen und so nach einer halben Stunde nochmal etwas quetschen und bearbeiten. Schön in Gläser füllen (dran denken der entstehende Druck muss von allein entweichen können). Mit der Faust oder einem anderen Gerät pressen. Bei mir steht eigentlich keine Flüssigkeit über und es funktioniert trotzdem, denn die entstehenden Gase drücken wohl die Luft raus. Bereits nach 3 Tagen genießbar – Achtung säuerlich. Lacht! Das macht ja bekanntlich lustig. Wenn ihr besser so eine Woche wartet, dann habt ihr ein wahres Wunderzeug geschaffen. Hier machte ich ein Kimchi aus Ingwer, Kurkuma, Knoblauch (kommt überall bei mir dran), Pfeffer, Kräuter, Karotten, Weißkohl und Wirsing.) Auf eure Gesundheit. Gibt es übrigens auch fertig zu kaufen.

20. DIE GROßE ABRECHNUNG

Alles was ich hier niedergeschrieben habe liebe Leserin und lieber Leser, ist meine persönliche Weisheit oder halt auch nicht? Lacht! Ich erhebe keinen Anspruch auf Richtigkeit oder Vollständigkeit und bin kein Arzt oder Ernährungsberater (entschuldigen Sie die vielen Wiederholungen, aber ich bin auch kein guter Schriftsteller), sondern ein Greenhorn. Was die beste oder die gesündeste Ernährung ist befindet sich, in Teilen, permanent im Wandel. Fett wurde viele Jahre an den Pranger gestellt und ist gerade losgebunden und auf einen Sockel gehoben. Nach allem was so geredet und geratschlagt und empfohlen wird, finde ich es am sinnvollsten das was zwischen den Ohren sitzt zu benutzen. Natürlich ist es ratsam und u.U. sinnvoll sich bei Ernährungsberatern oder Fachpersonal wie ihrem Hausarzt coachen zu lassen. Diese geschulten Personen sind die erste Wahl in Sachen Ernährung, *Life* und Krankheit, aber Sie selbst liebe Leserin und lieber Leser dürfen dabei mithelfen und mitwirken. Schätzungsweise gibt es die Eine für alle perfekte Ernährungsform und Lebensweise nicht. Manche Mediziner raten zu einer individuellen Therapie, das finde ich gut. Nochmal etwas stoische Philosophie und Achtsamkeit (ZEN) an dieser Stelle. Das kostbarste was ein jeder besitzt oder gerade nicht ist Lebenszeit. Wie viel auf ihrem Konto eingebucht ist, weiß niemand, deshalb gehört Ihnen auch nur die Gegenwart. Wer in der Zukunft lebt vergeudet Zeit. Lebenszeit rieselt immer schnell wie eine Handvoll feinster Ostsee-Sand durch die Finger. Die meisten werden vom Ende ihrer Sanduhr überrascht. Dabei beinhaltet das Leben für jeden genug Zeit – sie wird nur verschwenderisch genutzt. Ich hatte das hier schon mal erwähnt glaube ich. Vor drei Jahren bin ich ausgestiegen, weil ich mir sagte: »Lebe jetzt! – nunc vivere!«

Der Epidemiologe u. Ernährungsfachmann Prof. Willit von der Harvard Universität hat das auf einer Rede finde ich gut formuliert. Schauen Sie auf die Fakten und die Realität. Willit schlägt vor mehr Obst und Gemüse, anstelle von Fleisch zu essen. Gleichzeitig schraubt er aber zu hohe Erwartungen auf die Auswirkungen auf unsere Gesundheit zurück. Gesunde Fette sind okay. Übergewicht und hoher Zuckerkonsum sind schlecht. Süße *Leicht-Getränke* kritisiert er. Bestimmte Lebensmittel reduzieren Krankheiten (Beeren), andere können sie Begünstigen (rotes Fleisch). Willit arbeitete an eine Langzeitstudio mit über mehreren 100.000 Teilnehmern.

Erkennen Sie sich selbst, möchte ich nochmals anfügen und weiter: »Machen Sie sich nichts vor!

Sie wissen nun wie es geht, sehr wahrscheinlich wussten Sie es davor auch schon und nun machen Sie das Beste draus.«

Jetzt liebe Leserin und lieber Leser sind wir fast am Ende angelangt und ich möchte noch ein weißes Lebensmittel kurz ansprechen. Wir alle sind damit groß geworden und es klingt mir immer noch im Kopf, *dass es die Milch macht.* Fremde Muttermilch aus Massentierhaltung besorgt es uns also. Was ist drin in der Milch? Wissen Sie es? Klar Muttermilch der Kühe, die eigentlich für das Baby war. Wo ist das Baby und wie geht das, dass die ständig Milch geben?

Schauen Sie das Movie *Dominion* auf YouTube, da wird es genau erklärt (war glaube ich die dritte Wiederholung, sorry, ist mir aber wichtig). Weltweit soll die Mehrheit der Menschen keine Muttermilch der Kühe vertragen (soll genetisch bedingt sein?), das ist mit einer der höchsten Quoten bei einem Lebensmittel, die mir bekannt ist. Den meisten fehlt ein Enzym. Warum haben die das nicht, wenn die Neandertaler schon Milch getrunken haben? Ich kenne die Antwort nicht. Was ich aber weiß ist, dass ich wann immer ich in einen Stall gehe und dort gemolken wird überrascht über die Zustände bin. Es riecht unangenehm, überall liegen Fäkalien, der Boden ist dreckig, meistens eine Mischung aus Stroh, Heu, Dreck, Schmeißfliegen und Dung. An den Wänden klebt der Brei. Schwalben fliegen rein, und raus. Irgendwo ist eine Melkanlage, manchmal kleiner, manchmal vollautomatisch, die Hofkatze läuft vorbei. Das Melkzeug geht von einer Kuh zur nächsten. Manche Euter wirken entzündet. Vielen Tieren klebt der Dreck auf dem Fell. Die Milch saust durch irgendwelche Leitungen und aus die Maus. Wird genug Hygiene angewandt? Kühe sind wie Rennboliden, Hochgezüchtet und extrem leistungsfähig. Ein Formel eins Motor hielt früher so ein bis zwei Rennen. Eine Kuh wird selten älter wie fünf Jahre (tatsächliche Lebenserwartung bis zu 30 Jahre). Sie ist dann fertig, die Maschine kaputt. Arme Kuh!

Früher vor der Industrialisierung der Kuhmuttermilch gab so ein Tier so viel Milch wie es zur Aufzucht brauchte. Heute mit den Zuchtprogrammen sind es fünfmal so viel. Dafür braucht die Kuh so 50 000 Kalorien täglich. Hier hört der Spaß auf, wünsche ich mir manchmal einfach so 1 000 Kalorien zusätzlich je Tag, würden wir bei der Menge der Kuh mit dem Essen nicht mehr hinterherkommen. Deshalb bekommt die Einheitskuh auch oft ein spezielles Kraftfutter. Kennen Sie die Kuh Nr. 2 665 (schlagen Sie das mal nach oder schauen Sie bei den Links), eine 100 000 Liter Turbo - Maschine?

Früher wurde mit der zarten Hand, im sauberen Stall oder auf der Wiese und einem Schemel in einen Eimer gemolken? Wenn die Milch in den Eimer schoss, gab es diesen blechernen Klang. Der Kuh wurde gut zugeredet und sie bekam einen Klaps, das klingt einfach zu romantisch? Heute wird vor dem Verzehr von roher Kuhmilch und in bestimmten Lebenssituationen (Schwangerschaft) auch vor Rohmilchkäse gewarnt. Warum denn, fragte ich mich schon immer und dachte es liegt an den hygienischen Zuständen im Stall? Auch hier habe ich keine Antwort. Es ist aber so, dass sich die Euter einer Kuh entzünden können. Das nennt sich Mastitis und der Eiter kann dann in die Milch gelangen. Überhaupt ist da auch ohne diesen Eiter noch so einiges drin. Milch wird in Güteklassen eingeteilt. Stufe eins ist die Beste. Diese darf laut Milch-Güteverordnung (MilchGüV) bis zu 100.000 Keime pro ccm enthalten. Warme Milch und wohl auch die Umstände sind ein top Nährboden für Erreger und anderen Kram. Von welchen Keimen sprechen wir hier? Es sind Campylobacter (Durchfall), Tuberkulose (verläuft häufig tödlich über 1 Mio. Tote pro Jahr), Kolibakterien (Durchfall), EHEC (Darmerkrankung), FSME (beim Grasen, Hirnhautentzündung), Salmonellen (Erbrechen, Durchfall), und Listerien (Erbrechen, Durchfall). Ich weiß nicht ob das alle waren, aber es reicht mir. Milch wird deshalb zum Glück pasteurisiert und diese *Piraten*-Erreger sind dann weg? Aber trotzdem will ich auch hier kein Risiko eingehen und bleibe deshalb bei der Hafermilch. Und die alte gute Milch, steht im Verdacht Krebs zu förden (recherchieren sie das mal beim Huhn). Wenn Sie noch eine Informationsquelle mit einer großen Datenbasis bezüglich Ernährung und im speziellen, tierfreier Ernährung suchen, dann kann ich ihnen die bereits erwähnte Homepage Provegan (Dr. Med. Heinrich Stiftung) ans Herz legen. Falls Sie von meinen ständigen Ratschlägen genervt sind und Sie veganes nicht leiden können, dann empfehle ich ihnen den Artikel, 16 Gründe gegen Veganismus. Wie immer in den Quellen verlinkt. Vielen Dank liebe Leserin und lieber Leser für ihre Zeit und ich drücke ihnen die Daumen und wünsche viel Erfolg, ein langes und gesundes Leben und dass alle ihre vernünftigen Wünsche in Erfüllung gehen. Der Weg ist das Ziel. Packen Sie es an! Helfen Sie mit den Planeten und ihre Gesundheit zu retten oder zu ändern.

21. SÜẞES + ALKOHOL

Doch noch nicht ganz das Ende liebe Leserin und lieber Leser. Ich liebe süßes und bin als Kind eigentlich mit Zucker in nur allen erdenklichen Formen bombardiert, eigentlich schon gemästet worden. Meinen Eltern kann ich hier keinen Vorwurf machen, denn Sie meinten es gut und das Wissen von heute gab es damals so noch nicht.

Ich danke dem Universum, dass ich nicht schon an Zuckervergiftung *gestorben* bin. Obwohl ich jetzt so viel über gesunde Ernährung gelabert habe und Sie vielleicht denken, der hat´s wohl drauf, muss ich widersprechen. Ich bin *zuckersüchtig*. Wie äußert sich das?

Wenn ich Süßes bekomme, dann futtere ich es weg. Zwei Tafeln Schokolade oder eine Schachtel Pralinen oder zwei Tüten Chips sind kein Problem für mich. Ja verstehe was Sie gerade denken. Geht mir genauso oder ist aber ungesund. Da ich meine Zuckersucht nicht im Griff habe, behelfe ich mir mit einem kleinen Trick.

In unserem Haushalt gibt es keinen Zucker und so komme ich auch nicht in Versuchung und wenn die Lust auf Süßes zu groß ist, dann gibt es ein paar Datteln oder Feigen oder einen Riegel aus Nüssen und getrockneten Früchten. Jeden Abend esse ich ein kleines Stück 100 Prozent Kakao

Schokolade für den Geschmack und die Gesundheit. Das war´s. Bin ich aber eingeladen und es gibt veganen Süß-Kram, dann futtere ich das in großen Mengen, mit mäßig schlechtem Gewissen und am nächsten Tag gibt es dann eine Extra Einheit Sport. Lacht!

Kommen wir jetzt noch zum Thema Volksdroge Nummer eins. Klingt irgendwie spooky, aber Alkohol ist in unserem Leben ultra präsent und es scheint auch vom Gesetzgeber so gewollt. Ich bin immer erstaunt, dass jede Generation das gleiche Schema durchläuft. Junge Menschen kommen meistens ohne harte bzw. weiche Drogen und Alkohol auf die Welt. In meiner Zeit als Rauschgiftermittler sah ich natürlich Neugeborene, die schon wegen ihrer Eltern *Opium* abhängig waren und erstmal eine Entgiftung (Entziehung) benötigten. Aber in der Regel beginnen die jungen Leute so in der Pubertät ihre Erfahrungen mit diesem Zeug zu machen. Nicht selten kommt es zu Exzessen (Komasaufen etc.).

Warum das so sein muss, ist mir schleierhaft? Bei mir selbst war es natürlich ähnlich. Heute wäre ich froh, wenn einiges in meiner Erziehung und Entwicklung anders verlaufen wäre. So manches würde ich gerne ausradieren. Zum Alkohol kann man mit Sicherheit verschiedener Meinungen sein. Ist er gesund? Was ist mit den vielen Kalorien die drin stecken und so weiter. Ich denke ein Weizenbier nach einer Sporteinheit oder ein Glas Bio-Veganen-Rotwein ohne Sulfide werden ihrer Gesundheit vielleicht eher förderlich sein? Ab und zu fasten und das eigene Verhalten reflektieren sehr wahrscheinlich auch.

22. Achtsames Leben

Liebe Leserin und lieber Leser, wenn Sie nun fast am Ende des Buches zu Recht sagen, also Zen habe ich nicht wirklich verstanden und eigentlich ging es um Lebensmittel und was hat wohl das eine mit dem anderen zu tun? Dann möchte ich meinen sehr viel. Ich wünsche mir natürlich, dass Sie die Antwort schon wissen. Eine achtsame Lebensführung bedingt eine gesunde und ausgewogene Lebensmittelaufnahme (Rosinenpickerei wäre das Gegenteil). Es wird sogar noch besser. Meiner Meinung nach liegt in der Achtsamkeit überhaupt der Schlüssel für ein zufriedenes Leben und ab und zu einem Glücksmoment. Manche besitzen Moral und Werte nur phasenweise, wenn Sie ihnen nützen. In solch einem Leben fehlt die Klarheit und die Wahrheit weicht dem Ego aus. Unser Ego ist meist unser inneres Kind und es brüllt bei vielen den ganzen Tag und wird trotzdem nie richtig erkannt oder erhält genügend liebevolle Aufmerksamkeit.

Wer Achtsam ist wird die Wunder in sich und um sich herum erkennen und dankbarer durchs Leben schreiten. Wer aber dankbar ist der verspürt automatisch Glück und zu dem kommt das wahre Leben. Er wird erkennen, dass in der Natürlichkeit alles vorhanden ist was es braucht und dass es auch nur so am besten klappt. Das andere wäre Verblendung? Als Beispiel danke ich dem Universum für jeden neuen Tag und für meine tollen Mahlzeiten. Ich spüle das Geschirr mit der Hand, das ist pure Meditation (gelingt nicht immer natürlich – ich bin ja kein Meister).

Wenn Sie gerne ein anderes Leben führen möchten, achtsamer, stoischer und gelassener, dann probieren sie doch einmal etwas wie ein buddhistischer Mönch zu sein. Mir hilft es viel schon morgens bevor ich aufstehe Zazen zu machen. Zen oder Zazen die Mediation durch Atmung ist nicht schwer. Jeder kann das erlernen. Atmen Sie dazu einfach in ihren Bauch (es funktioniert überall – Straßenbahn, an der Supermarktkasse, vor dem ausgeschalteten TV etc.) und Sie werden sehen wie beruhigend sich diese Art der Atmung anfühlt. Wenn ihre Gedanken kommen, dann lassen Sie sie weiterziehen wie die Wolken am Himmel. Blicken Sie nicht zurück. Bleiben Sie in der Gegenwart, stellen Sie sich ein weißes Blatt Papier vor und wenn überhaupt schauen Sie in die Zukunft.

Denken Sie daran alles kann Buddha werden, ein Stein, ein Ahorn Blatt, eine Blume, ihr schmutziges Geschirr, der Partner, ihre Mahlzeiten und deshalb schaffen Sie das auch. Wenn Sie zur Ruhe kommen und Stille um sich herum schaffen, dann können Sie wieder den Blick auf das wesentliche richten die kostbarste Sache der Welt, ihre Lebenszeit und das Herz. Dann erkennen Sie was es für ein Schatz ist man selbst zu werden. Vertrauen Sie sich. Treten Sie aus dem Hamsterrad aus und erkennen Sie, wie wertvoll es ist nichts zu tun. Wie schön, welch ein Hauptgewinn nichts zu gewinnen.

Machen Sie ihren Alltag zum Zen und gehen Sie mit Herz und Seele an ihre Tätigkeiten egal was es ist Betten machen, kochen, ein Stück Müll aufheben usw.). Im Zen steht nach meiner Meinung nicht das Denken im Vordergrund, sondern das Erfüllen ihres Zwecks. Warum wurden Sie geboren? Wie die Ameise oder der Regenwurm, um die täglichen Dinge zu erledigen (nicht shoppen) nicht zu viel Grübeln, sondern arbeiten. Ein Stück Unrat aufheben hat denselben Wert wie ein Haus bauen. Es liegt in der Qualität ihrer Handlungen und um ein Dasein, das so nah wie möglich am natürlich-einfachen ist.

Wenn Sie wissen wollen ob jemand achtsam ist, dann beobachten Sie, wie diese Person ihre Schuhe abstellt, nachdem sie ausgezogen wurden. Lacht! Ich grüße Sie mit der buddhistischen *namaskara mudra* Geste liebe Leser.

23. GANZ GANZ EINFACHE REGELN

Vielleicht ist der eine oder andere von Ihnen gleich an diese Stelle gesprungen und hat den Rest ausgelassen. Das ist okay und Zeit ist money, wobei Geld nicht alles ist im Leben, einem aber viel Freiheit geben kann. Leider arbeiten zu viele, viel zu viel und die Familie oder ihr Wohl (Tempel) kommen zu kurz, für was?

Damit Sie noch mehr konsumieren können, ist das nicht schrecklich sinnlos? Pause!

Kennen Sie die Kompensationstheorie?

Danach soll uns der technologische Fortschritt weiterbringen. Hmmm? Schauen Sie auf die Welt, die Ressourcen sind endlich, die Erde auch, es gibt immer mehr Hunger und viele von uns benötigen mehr als zwei Jobs um über die Runden zu kommen und es leiden so viele Kinder wie noch nie? Toller Fortschritt, schätzungsweise stimmt so manches nicht was man uns weismachen will. Denken Sie deshalb bitte selbst und ihr gesunder Menschenverstand ist dabei eines der besten Werkzeuge. So nun geht es so ziemlich am Ende nochmal los mit ein paar ganz *gaanz* einfachen Regeln, immer wenn Sie Fragen haben was Sie tun sollen, was das Beste für Sie, für die Familie, für ihre Persönlichkeit, für den Partner, für die

Natur, das Universum und so weiter ist, dann schauen Sie auf die nachfolgende Liste oder schreiben sich die ab oder ausdrucken (besser nicht) oder machen Sie einen Screenshot. Klar auswendig lernen geht auch. Lacht!

- Gesundes Gemüse + Salat
- Obst mit wenig Kalorien
- Weniger Fleisch am besten keins
- Dinge ohne Etikett einkaufen (das gilt nicht nur für Lebensmittel, kaufen sie so viel wie möglich Second hand).
- Tun Sie jeden Tag etwas für sich und die Natur und die anderen (Familie)
- Wahrheit und Liebe
- Seien sie Achtsam - ZEN
- Locker bleiben und öfter chillen
- Schränken Sie sich ein
- Raus in die Natur und Bewegen
- Genießen Sie ihr Leben!

DIE REGELN SIND FÜR JEDEN TAG! ZUM BEISPIEL GEHEN SIE EINMAL TÄGLICH RAUS SPAZIEREN. BITTE KEINE AUSREDEN!

Das Universum hat den Menschen so angelegt, dass er hauptsächlich Fett, Kohlenhydrate (carbs) und Protein (Eiweiß) benötigt. Sie sollten selbst das richtige Verhältnis für ihren Körper, denn immer mehr kommt die Wissenschaft und die Medizin auf den Trichter, dass wir mehr auf das Individuum (Gnothi seauton) blicken sollten. Jede Maschine (Mensch) ist anders und benötigt, schätzungsweise etwas anderes um sich wohl zu fühlen und rund zu laufen. Aktuell finde ich als veganer die folgenden Treibstoffe (Lebensmitteln – Nahrung) am wertvollsten (n. a.): die Kohls, Knoblauch, Ingwer, alle Beeren, Nüsse und Samen, Vollkornprodukte und Hülsenfrüchte. Mein perfekter Tag startet, wie Sie schon wissen lieber Leser und liebe Leserin mit einem geilen Müsli.

NACHWORT

Sie haben es geschafft und sind hoffentlich etwas weiser geworden. Das was wir am meisten *tun* ist atmen und *glotzen*, danach kommen die Vitalfunktionen essen und trinken, das ist der Baustoff, der Mörtel, der Beton, die Wandfarbe, die Tapete, der Treibstoff, und der Bums für ihre Hülle, darum bin ich der felsenfesten Überzeugung, dass wir mit unserer Ernährung viel in und um uns herum bewegen können. Stellen Sie sich vor jemand stellt Ihnen die Aufgabe ihren Astralkörper aus Burgern, Pommes und braunem oder gelbem Zuckerwasser zu formen oder er sagt Sie könnten auch noch Salat, Gemüse, edle Nüsse, Heilwasser, Obst, Waldbaden und andere wertvolle Produkte nehmen. Was würden Sie auswählen? Niemand würde doch freiwillig den Marshmallow Körper wollen. Also aufhören zu jammern und ran an den Speck. Seit ich vor vielen Jahren den Fokus auf eine andere Lebensweise weg vom Heer der uniformen Pinguine pflegte war ich noch ein Exot und hätte mir nie träumen lassen, dass aus der *Kraut und Rüben* Bewegung mal so eine Industrie wird, aber da liegt auch das Problem. Wenn etwas Neues egal wie gut es auch für die Natur oder den Einzelnen wäre an Größe gewinnt, dann kommt

immer auch das Kapital hinterher und möchte ein Stück vom Kuchen abhaben.
Seien Sie bitte nicht so streng mit sich, auch wenn Sie eine der Regeln oder Dinge die Sie sich vorgenommen haben nicht schaffen oder rückfällig werden und das alte Leben brachial zurückschlägt (das Innere Kind die Oberhand zurückholt), längst abgehackte Gewohnheiten wiederkommen, wie das Rauchen, zu viel Alkohol, die Süßigkeiten, schlechter Sex, doofe Gespräche, Extremcouching, Regenwetter und die schlechten Kohlenhydrate.

Sie liebe Leserin und lieber Leser haben es in der Hand aus ihrem Körper und ihrem Leben ein Kunstwerk einen Tempel zu formen und selbstverständlich dürfen Sie es auch lassen. Jeder einzelne von uns ist ein Wunder und die Natur zeigt uns noch viel mehr davon. Das wesentliche im Leben ist kostenlos. Viele in meinem Bekanntenkreis verstehen meine Lebensweise nicht.

Ich bin kein lupenreiner Minimalist, aber es geht schon in diese Richtung. Kein TV, kein eigenes Internet, kein Auto, keinen festen Job, nur eine Hose, keine tierischen Produkte, ein paar Wandersocken und jeden Tag raus in die Natur und bewegen. Manche sehen leider nicht, dass der Verzicht glücklich macht, das ist mein Reichtum, denn es macht frei! Frugalismus erlaubt mir jetzt ohne Boss mein Dasein zu bestimmen und jeden Tag frei zu entscheiden was abgehen soll. Ist das nicht geil?

Ob eine bestimmte Ernährung oder Lebensweise, das eigene Dasein verlängern kann, ist gar nicht so wichtig. Essenzieller ist für mich das Gefühl, gute Nahrung in meine Maschine zu stecken und achtsam durchs Leben zu gehen. Mein Karma wird es mir danken. Da wären wir bei meinen drei wichtigsten Grundsätzen. ***Wahrheit****,* ***Achtsamkeit*** *und* ***Liebe****!*

Ich freue mich über sachliche Kritik, Anregungen und Lob. Wenn Sie mich unterstützen wollen, dann finden wir einen Weg. Haben Sie eine Frage, dann nutzen Sie die Eingangs hinterlegten Kontaktmöglichkeiten. Wenn ich genug positives Feedback erhalte, dann gibt es schätzungsweise eine Fortführung dieses Projektes, eine ergänzende Zweitauflage.

Verfallen Sie nicht in einen Ernährungswahn!

ÜBER DEN AUTOR

Robert P. Martin, Jahrgang 1968, Fachabitur, Studium, beschäftigt sich schon seit einigen Jahrzehnten mit Lebensthemen und immer wieder damit wie ein Leben in – *Würde* in der heutigen Zeit gelingen kann. Seine vielen sozialen Berufe haben ihn hierbei sehr geprägt. Aus diesem Grund ist er selbst vor einigen Jahren aus dem *normalen* Leben ausgestiegen.

Seither widmet er sich u.a. dem Zen Buddhismus, dem Müllsammeln, dem Nichtstun und einer achtsamen Lebensführung. Seine Ansichten versucht er mitzuteilen.

Bisher von Robert Patrick Martin im Rediroma-Verlag als Softcover und eBook erschienen sind folgende Titel:

Total geile(r) Psycho
ISBN 978-3-96103-747-6
398 Seiten

Getäuschter Mann
ISBN 978-396103-798-8
220 Seiten

Mannheim - Mittelpunkt der Welt
ISBN 978-3-98527-003-3
223 Seiten

Herzverlierer
ISBN 978-3-98527-191-7
365 Seiten

Gender Disclaimer und Netiquette

Sollte ich ihre Gefühle verletzt haben so tut es mir leid, das lag mir fern. Meine Argumente verstehen sich als konstruktiver Beitrag. Zum Zwecke der Lesbarkeit wurde auf die Geschlechterspezifische Schreibweise verzichtet. Personenbezogene Bezeichnungen sind somit geschlechterneutral zu verstehen oder wie sie wollen.

QUELLEN UND LITERATURVERZEICHNIS

Das umfassende Quellenverzeichnis dient der Recherche nach mehr Hintergrundwissen sowie dem schnellen Überprüfen der Richtigkeit der aufgeführten Fakten.

Ich möchte darauf hinweisen, dass bestimmte Quellen einer Veränderung unterliegen können. Außerdem ist es mir nicht möglich jede Quelle und die Personen die dahinter stehen zu beurteilen. Bei Wikipedia Artikeln wird der nach Rang am höchsten positionierte Autor genannt. Ich versuchte seriöse und sachliche Quellen, Informationen und Fakten für meine Recherchen zu verwenden. Rassistische oder sonstige in irgendeiner Weise bestimmte Personen oder Gruppen diffamierende oder verletzende Quellen bzw. Inhalte wollte ich ausschließen. Sollte mir das an irgendeiner Stelle nicht gelungen sein, dann bitte ich um ihre Nachsicht. Weder ihren Lebensstil oder die Ernährungsweise wollte ich über Gebühr anprangern. Meine Ausführungen sollten als Anregung und Information verstanden werden.

Trotz größter Sorgfalt können mir Fehler unterlaufen sein. Gerne dürfen Sie mir hier helfen. Danke!

Bedenken Sie bitte, dass ich für das Funktionieren der Links auf den jeweiligen Seitenbetreiber angewiesen bin. Dieser kann jederzeit einen Artikel oder Beitrag entfernen. Das ist bedauerlich, aber wird im Einzelfall nicht immer vermeidbar sein. Alles ist endlich!?

Was geht ab bei dir?

Irene Beres u. Nina Weber - spiegel.de (2016) »Diese zehn Leiden plagen die Deutschen am ärgsten« https://www.spiegel.de/gesundheit/diagnose/deutschland-diese-zehn-krankheiten-plagen-die-menschen-am-meisten-a-1117094.html, aufgerufen am 05.02.2021

Kerstin Rottmann - welt.de (2015) »Lebt wahrhaftig, lebt intensiv! So wie Chris es tat« https://www.welt.de/vermischtes/article136104414/Lebt-wahrhaftig-lebt-intensiv-So-wie-Chris-es-tat.html, aufgerufen am 06.02.2021

Nils Zeitiger - computerwelt.at (2020) «Epigenetik, Kryonik und digitale Klone: Who wants to live forever?«
https://computerwelt.at/news/epigenetik-kryonik-und-digitale-klone-who-wants-to-live-forever/

Christoph Kappes - zeit.de (2012) »Eine Roboter-pauschale ist keine Lösung https://www.zeit.de/digital/internet/2012-06/roboter-pauschale-arbeit/seite-2?utm_referrer=https%3A%2F%2Fwww.google.de, aufgerufen am 06.02.2021

Obst mit wenig Kalorien

Jana Schaarschmidt - womenshealth.de (2019) »Kalorienarmes Obst: Diese Sorten machen schlank« https://www.womenshealth.de/food/gesunde-ernaehrung/kalorienarmes-obst, aufgerufen am 06.02.2021

Laura Oelker - menshealth.de (2019) »Diese Obstsorten haben besonders wenig Kalorien« https://www.menshealth.de/abnehmen/kalorienarmes-obst, aufgerufen am 06.02.2021

Apfel Hafer Müsli - Samen Power

Leonie Busse - eatsmarter.de (2020) »6 Gründe: Darum sind Haferflocken gesund« https://eatsmarter.de/ernaehrung/gesund-ernaehren/haferflocken-gesund, aufgerufen am 15.02.2021

Für Bewegung gebaut
Simon Worrall - nationalgeopraphic.de (2020) »Wir sind zum Laufen geboren – aber wir machen es falsch« https://www.nationalgeographic.de/wissenschaft/2017/08/wir-sind-zum-laufen-geboren-aber-wir-machen-es-falsch, aufgerufen am 09.02.2021

Christina Steinlein - focus.de (2016) »Gehen Sie genug Schritte, um Diabetes, Alzheimer und Herzinfarkt vorzubeugen?« https://www.focus.de/gesundheit/ratgeber/herz/zu-fuss-gehen-ist-die-beste-medizin-gehen-sie-genug-schritte-um-diabetes-alzheimer-und-herzinfarkt-vorzubeugen_id_4979903.html

o.V. - provita-deutschland.de (2020) »20 Gründe, warum Spazierengehen gesund ist« https://www.provita-deutschland.de/20-gruende-warum-spazierengehen-gesund-ist/, aufgerufen am 08.02.2021

Dr. Michael Hollmann - vpt.de (2018) »Die Botenstoffe der Muskeln« https://www.vpt.de/fileadmin/user_upload/news/heft_pdf/vptmagazin_0518_botenstoffe_der_muskeln.pdf, aufgerufen am 08.02.2021

Eva Wolfangel - spektrum.de (2016) »Neandertaler lebten zu einem Fünftel von Pflanzen« https://www.spektrum.de/news/neandertaler-lebten-zu-einem-fuenftel-von-pflanzen/1404341, aufgerufen am 10.02.2021

Gerd Christian Weniger - rheinische-geschichte.lvr.de (o.J.) »Neandertaler: Eiszeitmensch (vor ca. 40.000 Jahren)« http://www.rheinische-geschichte.lvr.de/Persoenlichkeiten/neandertaler/DE-2086/lido/57c952a54538e7.30352550, aufgerufen am 10.02.2021

Dr.re.nat. Geraldine Nagel - onmeda.de (2020) »Energiebedarf: Grundumsatz, Leistungsumsatz und Gesamtumsatz« https://www.onmeda.de/diaet/energiebedarf-grundumsatz,-leistungsumsatz-und-gesamtumsatz-3800-2.html, aufgerufen am 10.02.2021

o.V. - sueddeutsche.de (2017) »Gelenke schonen: Gesundes Gewicht und der richtige Sport« https://www.sueddeutsche.de/gesundheit/gesundheit-gelenke-schonen-gesundes-gewicht-und-der-richtige-sport-dpa.urn-newsml-dpa-com-

20090101-171026-99-613232, aufgerufen am 10.02.2021

Tofu Pfanne + Bio

Maren Schwartz - fitforfun.de (2020) »Tofu: der kalorienarme Eiweißlieferant und Sattmacher« https://www.fitforfun.de/abnehmen/gesund-essen/tofu-volle-veggie-power_aid_9976.html, aufgerufen am 15.02.2021

Zusatzstoffe + Bio

o.V. - ndr.de (2017) »Bier: Verwässertes Reinheitsgebot« https://www.ndr.de/ratgeber/verbraucher/Bier-Verwaessertes-Reinheitsgebot,bier622.html, aufgerufen am 07.02.2021

o.V. - ökolandbau.de (2020) »Zusatz- und Hilfsstoffe in der ökologischen Lebensmittelherstellung« https://www.oekolandbau.de/verarbeitung/herstellungspraxis/erlaubte-zusatz-und-hilfsstoffe-in-der-oekologischen-verarbeitung/, aufgerufen am 06.02.2021

Bert Kilanowski - wikipedia.de (2021) »Listę der Lebensmittelzusatzstoffe«

https://de.wikipedia.org/wiki/Liste_der_Lebensmittelzusatzstoffe, aufgerufen am 06.02.2021

Katja Niedzwezky, Britta Klein - bzfe.de (2017) »Hilfsstoffe in der Lebensmittelherstellung- Nicht jeder Zusatzstoff steht auf dem Etikett« https://www.bzfe.de/service/news/aktuelle-meldungen/news-archiv/meldungen-2017/januar/hilfsstoffe-in-der-lebensmittelherstellung/, aufgerufen am 06.02.2021

Curries + Co für den Alltag - easy

Verena Becker - verenabecker.com (2017) »Ayurveda-Essen im Ashram in Indien: Ein Erfahrungsbericht« https://verenabecker.com.de/2018/04/27/ayurveda-essen-in-indien-ein-erfahrungsbericht/, aufgerufen am 15.02.2021

o.V. - rosenberg-ayurveda.de (o.J.) »Die ayurvedische Ernährung« https://www.rosenberg-ayurveda.de/wissen/ayurvedische-ernaehrung.html, aufgerufen am 15.02.2021

Toller Link zu einem Download über das Superfood Hülsenfrüchte https://www.in-form.de/fileadmin/Dokumente/Kompass_Ernaehrung/160909_BMEL_KompassE_2_2016_FINAL_barrierefrei.pdf, aufgerufen am 15.02.2021

Meine Ernährung - Vegan

o.V. - albert-schweitzer-stiftung.de (o.J.) »Vegan gesund«
https://albert-schweitzer-stiftung.de/themen/vegan-gesund, aufgerufen am 15.02.2021

o.V. - albert-schweitzer-stiftung.de (2016) »Warum vegan? Gründe und Gegenargumente«
https://albert-schweitzer-stiftung.de/aktuell/warum-vegan, aufgerufen am 11.02.2021

Derik Meinköhn - stern.de (2018) »Warum es das Beste wäre, wenn wir uns vegan ernähren würden«
https://www.stern.de/genuss/essen/vegane-ernaehrung--darum-ist-sie-perfekt-fuer-unsere-zeit-6710708.html, aufgerufen am 10.02.2021

Leonie Leber - foodspring.de (o.J.) »Vitamin B12 – alles, was du wissen musst!«

https://www.foodspring.de/magazine/vitamin-b12, aufgerufen am 11.02.2021

o.V. - peta.de (2021) »Vegane Kalziumquellen – so klappt die Versorgung rein pflanzlich« https://www.peta.de/veganleben/kalzium-vegane-ernaehrung/, aufgerufen am 10.02.2021

Kathleen-Schmidt-Prange womenshealth.de (2019) »10 pflanzliche Eiweißbomben (nicht nur für Veganerinnen!)« https://www.womenshealth.de/food/gesunde-ernaehrung/vegane-proteinquellen/, aufgerufen am 11.02.2021

Sophie Kelm - apotheken-umschau.de (2018) »Vitamin D« https://www.apotheken-umschau.de/Vitamin-D, aufgerufen am 11.02.2021

Julia Kein - deutschland-ist-vegan (o.J.) »10 VEGANE PROTEINQUELLEN FÜR VIEL POWER« https://www.deutschlandistvegan.de/vegane-proteinquellen/, aufgerufen am 11.02.2021

Nicole Simon - stern.de (o.J.) »Zucker ist Treibstoff für den Körper«

https://www.stern.de/gesundheit/diabetes/grundlagen/glukose-zucker-ist-treibstoff-fuer-den-koerper-3435842.html, aufgerufen am 11.02.2021

Hafermilch - Krasses Zeug

Eva Gründemann - food-vegetarisch.de (o.J.) »10 Gedanken zu.. Hafer |..und ein Rezept für Hafermilch«
https://www.food-vegetarisch.de/rezept-hafermilch/, aufgerufen am 13.02.2021

o.V. - alleskoerner.de (o.J.) »Nährwerttabelle für Haferflocken und Haferkleie«
https://www.alleskoerner.de/ernaehrung/naehrstoffe/naehrwerttabelle, aufgerufen am 13.02.2021

Wasser - mit Bums

o.V. - umweltbundesamt.de (2018) »Qualität des Trinkwassers aus zentralen Versorgungsanlagen«
https://www.umweltbundesamt.de/daten/wasser/wasserwirtschaft/qualitaet-des-trinkwassers-aus-zentralen#messdaten-zur-trinkwasserqualitat-in-deutschland, aufgerufen am 07.02.2021

o.V. - osd-ev.org (2020) «Mineralwasser - Wasser und Mineralstoffe«

https://www.osd-ev.org/osteoporose-therapie/osteoporose-ernaehrung/mineralwasser/, aufgerufen am 07.02.2021
o.V. - test.de (2020) »Leitungswasser besser als Mineralwasser?« https://www.test.de/FAQ-Wasser-ist-Leitungswasser-besser-als-Mineralwasser-4745742-0/, aufgerufen am 08.02.2021

o.V. - faszinationchemie.de (2020) »Was ist eigentlich… Zucker?« https://faszinationchemie.de/chemie-ueberall/news/was-ist-eigentlichzucker/, aufgerufen am 08.02.2021
Kathrin Zinkat - süddeutsche.de (2017) »Wie alt ist der Mensch« https://www.sueddeutsche.de/wissen/wie-alt-ist-der-mensch-die-geheimnisvolle-liaison-des-neandertalers-1.3572983, aufgerufen am 08.02.2021

Alexa Höber -ndr.de (2020) »Medikamentenrückstände im Wasser: Eine Gefahr?« https://www.ndr.de/ratgeber/verbraucher/Medikamentenrueckstaende-im-Wasser-Eine-Gefahr,wasser710.html, aufgerufen am 17.02.2021

Geilstes Brot ohne Mehl
Hannah Frey - projekt-gesund-leben.de (2020) »Rezept: Brot ohne Mehl und Hefe« https://www.projekt-gesund-leben.de/2020/03/rezept-brot-ohne-mehl-und-hefe/, aufgerufen am 21.02.2021

Susanne Meier - zentrum-der-gesundheit.de (2021) »Weissmehl: Warum der Verzehr überdacht werden sollte« https://www.zentrum-der-gesundheit.de/artikel/lebensmittel/mehl, aufgerufen am 21.02.2021

Intervallfasten - top
Nadja Podbregar - wissenschaft.de (2014) »Urmenschen: Hungern als Ausnahme« https://www.wissenschaft.de/geschichte-archaeologie/urmenschen-hungern-als-ausnahme/, aufgerufene am 10.02.2021

o.V. - religionen-entdecken.de (o.J.) »Seit wann fasten die Menschen?« https://www.religionen-entdecken.de/eure_fragen/seit-wann-fasten-die-menschen, aufgerufen am 10.02.2021

Anja Sokolow - helmholtz.de (2020) »Was bringt Intervallfasten?« https://www.helmholtz.de/gesundheit/was-bringt-intervallfasten/, aufgerufen am 10.02.2021

o.V. - tz.de (2016) »Dieser Forscher erklärt: Darum ist Fasten so gesund« https://www.tz.de/leben/gesundheit/medizin-nobelpreis-zellforscher-yoshinori-ohsumi-erklaert-gesunde-ernaehrung-6806197.html, aufgerufen am 10.02.2021

Der weiße Tod + KH

o.V. - rtl.de (2018) »Werbekampagne von Netto: Ist Zucker so gefährlich wie Kokain?« https://www.rtl.de/cms/werbekampagne-von-netto-ist-zucker-so-gefaehrlich-wie-kokain-4180269.html, aufgerufen am 12.02.2021

Carina Rehberg - zentrum-der-gesundheit.de (2021) »Kohlenhydrate: Gesund, aber auch schädlich« https://www.zentrum-der-gesundheit.de/artikel/gesunde-ernaehrung/kohlenhydrate, aufgerufen am 11.02.2021

o.V. - chemie.de (o.J) »Kohlenhydrate«

https://www.chemie.de/lexikon/Kohlenhydrate.html, aufgerufen am 12.02.2021

Birthe Wulf - edeka.de (o.J.) «Warum gilt gepökeltes Fleisch als ungesund?« https://www.edeka.de/ernaehrung/expertenwissen/1000-fragen-1000-antworten/warum-gilt-gepoekeltes-fleisch-als-ungesund.jsp, aufgerufen am 11.02.2021

o.V. - verbraucherzentrale.de »WHO: Verarbeitetes Fleisch krebserregend?« https://www.verbraucherzentrale.de/wissen/lebensmittel/lebensmittelproduktion/who-verarbeitetes-fleisch-krebserregend-12300, aufgerufen am 11.02.2021

o.V. - vitamoment.de (2021) »Die 47 Bausteine der Ernährung« https://vitamoment.de/blogs/magazin/47-bausteine-der-ernaehrung, aufgerufen am 11.02.2021

o.V. - wiwo.de (2017) »Ein Drittel unseres Essens landet im Abfall« https://www.wiwo.de/technologie/green/wwf-kritisiert-lebensmittelverschwendung-ein-drittelunseres-essens-landet-im-abfall/19740648.html, aufgerufen am 11.02.2021

Zucker + Co = Teufelszeug

o.V. - lebensmittelklarheit.de (2018) »Zucker hat viele Namen« https://www.lebensmittelklarheit.de/informationen/zucker-hat-viele-namen, aufgerufen am 08.02.2021

o.V. - focus.de (2018) »Netto zieht Kokain-Vergleich: Wie uns die Droge Zucker zu Sklaven macht« https://www.focus.de/gesundheit/ernaehrung/kokain-vergleich-so-macht-uns-die-droge-zucker-zu-sklaven_id_9131542.html, aufgerufen am 08.02.2021

Silke Stadler - lifeline.de (2018) «Glucose plus Fructose gleich Saccharose: Zuckerarten im Überblick« https://www.lifeline.de/ernaehrung-fitness/gesund-essen/zuckerarten-id33237.html, aufgerufen am 08.02.2021

Thomas Hillebrandt - swr.de (2017) »Wie schädlich ist Fructose?«

https://www.swr.de/odysso/wie-schaedlich-ist-fructose/-/id=1046894/did=18581036/nid=1046894/he415z/index.html, aufgerufen am 08.02.2021

o.V. - lebensmittelverband.de (2009) »Liste der Zusatzstoffe zur Herstellung von verarbeiteten Bio-Lebensmitteln« https://www.lebensmittelverband.de/de/lebensmittel/inhaltsstoffe/zusatzstoffe/liste-lebensmittel-zusatzstoffe-bio-lebensmittel

Grundumsatz - Kalorien zählen!

o.V. - fit-for-fun.de (o.J.) »Kalorienrechner: Wie viele Kalorien brauche ich pro Tag?« https://www.fitforfun.de/abnehmen/schlankmacher/energiebedarsrechner-wie-viel-energie-brauche-ich_aid_8623.html, aufgerufen am 21.02.2021

o.V. - gesundheitsinformationen.de (2018) »Was sind Kalorien?« https://www.gesundheitsinformation.de/was-sind-kalorien.html, aufgerufen am 21.02.2021

Alles Paleo oder was?

Julia Sarah-Henning - foodspring.de (o.J) »Paleo-Ernährung – Was ist das?«

https://www.foodspring.de/magazine/paleo-ernaehrung, aufgerufen am 10.02.2021

o.V. - fitforfun.de (o.J.) »Paleo-Diät: So effektiv ist die Steinzeiternährung wirklich« https://www.fitforfun.de/abnehmen/gesund-essen/paleo-essen-wie-in-der-steinzeit_aid_12368.html, aufgerufen am 11.02.2021

Dennis L. - forschung-und-wissen.de (2020) »Die echte „Paleo-Diät" war extrem giftig und ungesund« https://www.forschung-und-wissen.de/nachrichten/archaeologie/die-echte-paleo-diaet-war-extrem-giftig-und-ungesund-13373750, aufgerufen am 11.02.2021

Quälfleisch - Aua

o.V. - deutschlandfunknova.de (2020) »Schweine sind schlauer als Hunde - und haben Persönlichkeit« https://www.deutschlandfunknova.de/beitrag/haustiere-schweine-sind-schlauer-als-hunde, aufgerufen am 12.11.2021

Friedrich Asen - yogabuch.de (o.J) »Vegetarismus macht frei - Fleisch macht süchtig…«

https://yogabuch.com/fleisch.html, aufgerufen am 11.02.2021

Julia Haase - welt.de (2017) »Das passiert im Körper, wenn du aufhörst, Fleisch zu essen« https://www.welt.de/kmpkt/article165083825/Das-passiert-im-Koerper-wenn-du-aufhoerst-Fleisch-zu-essen.html, aufgerufen am 11.02.2021

Hanna Gersbach - taz.de (2014) »Die Schnauze voll«
https://taz.de/Ex-Herta-Besitzer-ueber-Gewinn/!137539/, aufgerufen am. 11.02.2021

o.V. - süddeutsche.de (2017) »Fipronil im Ei, Pferdefleisch in der Lasagne« https://www.sueddeutsche.de/panorama/lebensmittelindustrie-fipronil-im-ei-pferdefleisch-in-der-lasagne-1.3616834, aufgerufen am 11.02.2021

Dorothe Pfaffel - augsburger-allgemeine.de (2014) »Hormone, Gifte und Antibiotika: So belastet sind unsere Lebensmittel« https://www.augsburger-allgemeine.de/panorama/Hormone-Gifte-und-Antibiotika-So-belastet-sind-unsere-Lebensmittel-id30978427.html, aufgerufen am 11.02.2021 o.V. - wwf.de (2014) »Der Appetit auf Fleisch und seine Folgen« https://www.wwf.de/themen-projekte/landwirtschaft/ernaehrung-konsum/fleisch/der-appetit-auf-fleisch-und-seine-folgen, aufgerufen am 11.02.2021

DGE + Ratschläge

o.V. - dge.de (o.J.) »Die Dreidimensionale DGE-Lebensmittelpyramide« https://www.dge.de/fileadmin/public/doc/fs/3dlmp/200714-DGE-Arbeitsblaetter-03-formular.pdf, aufgerufen am 13.02.2021

o.V. - herzstiftung.de (o.J.) »Herzgesunde Ernährung« https://www.herzstiftung.de/ihre-herzgesundheit/gesund-bleiben/ernaehrung/olivenoel-herz, aufgerufen am 13.02.2021

o.V. - navalea.com (o.J.) »WIE VIEL OLIVENÖL KONSUMIEREN WIR IM EUROPÄISCHEN VERGLEICH?« https://www.navalea.com/17-wie-viel-olivenoel-konsumieren-wir-im-europaeischen-vergleich/, aufgerufen am 13.02.2021 o.V. - aerztezeitung.de (2016) »Mehr Mittelmeer!« https://www.aerztezeitung.de/Medizin/Mehr-Mittelmeer-311215.html, aufgerufen am 13.02.2021

o.V. - aerzteblatt.de (2017) »Empfehlungen der Deutschen Gesellschaft für Ernährung in der Kritik« https://www.aerzteblatt.de/nachrichten/72608/Empfehlungen-der-Deutschen-Gesellschaft-fuer-Ernaehrung-in-der-Kritik, aufgerufen am 14.02.2021

Birgit Hinsch - oekotest.de (2019)»Warum die Deutsche Gesellschaft für Ernährung empfiehlt, Fleisch zu essen« https://www.oekotest.de/essen-trinken/Warum-die-Deutsche-Gesellschaft-fuer-Ernaehrung-empfiehlt-Fleisch-zu-essen-_10780_1.html, aufgerufen am 13.02.2021

Dominique Godbout - kohlenhydrate-tabellen.de (o.J.) »Ernährungspyramide DGE kontra Ernährungspyramide Harvard Universität« https://www.kohlenhydrate-tabellen.com/ernaehrungspyramide-dgekontraernaehrungspyramide-harvard-universitaet/, aufgerufen am 14.02.2021

Fermentieren

Jelena Halberscheidt - essen-und-trinken.de (o.J.) »Fermentieren« https://www.essen-und-trinken.de/fermentieren, aufgerufen am 11.02.2021

Katharina Herzig - zentrum-der-gesundheit.de (2020) »Fermentieren – Mehr als nur haltbar machen« https://www.zentrum-der-gesundheit.de/artikel/lebensmittel/fermentieren, aufgerufen am 12.02.2021

Hans Krautstein - schrottundkorn.de (2020) »Milchsaures wirkt wie ein „Besen im Darm« https://schrotundkorn.de/essen/milchsaures-wirkt-wie-ein-besen-im-darm, aufgerufen am 12.02.2021

Olaf Schnelle - schnelles-grünzeug.de (2018) »Fermentiertes Gemüse & unsere Gesundheit« https://schnelles-grünzeug.de/fermentiertes-gemuese-ist-gesund/, aufgerufen am 13.02.2021 o.V. - ndr.de (2021) »Antientzündliche Omega-3-Quellen wie Algenöle: Worauf achten?« https://www.ndr.de/ratgeber/gesundheit/Omega-3-Fettsaeuren-Warum-sie-gesund-sind,fettsaeuren100.html, aufgerufen am 14.02.2021

o.V - abendpost.de (2018) »Warum lügt die Deutschen Gesellschaft für Ernährung (DGE) über vegane Ernährung? Liegt es an Mitgliedern wie Milchproduzenten und Fleischproduzenten?« http://www.abendpost.net/rezepte/deutsche-gesellschaft-fuer-ernaehrung-dge-kritik.php

o.V. - provegan.de (2021) »Die unseriösen Machenschaften der Deutschen Gesellschaft für Ernährung (DGE) – nachgewiesen am Beispiel der veganen Ernährung im Säuglings- und Kindesalter« https://www.provegan.info/de/infothek/politik/die-unserioesen-machenschaften-der-deutschen-gesellschaft-fuer-ernaehrung-dge-nachgewiesen-am-3/, aufgerufen am 14.02.2021

Die große Abrechnung

Stefan Stöcklin - news.uzh.de (2015) »Was uns gesund hält«

https://www.news.uzh.ch/de/articles/2015/was-uns-gesund-haelt.html, aufgerufen am 11.02.2021

Carina Rehberg - zentrum-der-gesundheit.de (2020)»Professorin sagt: Milch ist für Erwachsene überflüssig!« https://www.zentrum-der-gesundheit.de/artikel/ungesunde-getraenke/milch-ist-fuer-erwachsene-unnoetig, aufgerufen am 14.02.2021

o.V. - suedeutsche.de (2010) »Idealer Nährboden für Bakterien« https://www.sueddeutsche.de/gesundheit/unbehandelte-milch-roh-und-riskant-1.970254-2, aufgerufen am 14.02.2021

o.V. - lfl.bayern.de (o.J.) »Milch-Güteverordnung (MilchGüV)« https://www.lfl.bayern.de/iem/milchwirtschaft/026702/, aufgerufen 14.02.2021

Kilian Dreißig. - vegpool.de (2013) »FAKTEN-CHECK: ENTHÄLT MILCH EITER?« https://www.vegpool.de/magazin/eiter-milch.html, aufgerufen am 15.02.2021

Christiane Fux - netdoktor.de (2018) »FSME: Auch mit Rohmilch kann man sich anstecken« https://www.netdoktor.de/news/fsme-auch-mit-rohmilch-kann-man-sich-anstecken/, aufgerufen am 15.02.2021

o.V. - peta.de (2018) »16 Argumente gegen eine vegane Ernährung« https://www.peta.de/neuigkeiten/vegane-ernaehrung-argumente/, aufgerufen am 15.02.2021

Christina Hucklenbroich - faz.net (2013) »Die vergessene Krankheit« https://www.faz.net/aktuell/wissen/medizin-ernaehrung/tuberkulose-der-rinder-die-vergessene-krankheit-12680981-p4.html, aufgerufen am 21.02.2021

Süßes + Alkohol

Sophie Sonnenberg - focus (2021) »Wie sinnvoll der trockene Januar ist« https://focus-arztsuche.de/magazin/gesundheitstipps/ein-monat-ohne-alkohol-nutzen-und-risiken, aufgerufen am 09.07.2021

Ganz einfache Regeln
o.V. - religionen-entdecken.de (2014) »Lebensregeln im Buddhismus«
https://www.religionen-entdecken.de/lexikon/l/lebensregeln-im-buddhismus, aufgerufen am 21.02.2021

Nachwort

Zur Vertiefung und sehr interessant sind die Beiträge von Ralf Bohlmann. Sein Podcast empfiehlt sich für unterwegs.
https://ralfbohlmann.com/podcast/

Wer mehr über grünes, nachhaltiges Kochen und gepaart mit guten Infos über Ernährung braucht, dem empfehle ich den Youtube Kanal von Ken kocht- gesunde Rezepte.
https://www.youtube.com/watch?v=xkEpvH_amig

Es gibt mit Sicherheit noch viele weitere gute Quellen da draußen. Ich bedauere es, wenn ich eine vergessen habe und hoffe Sie liebe Leserin und lieber Leser, werden sie finden.